KOMPASS

Dein Augenblick

TIROL

Die Qualität eines Augenblicks hängt vom Blickwinkel ab. Wir zeigen dir Aussichten, für die sich der Anstieg lohnt, und verraten, wo du die besten Ansichten in Tirol erlebst.

Gebietsübersicht

TIROL

Deine 30 Touren zu Wasserfällen und Seen, zu Almen und Aussichtsgipfeln

Legende

Rund um das Hohe Rad

Eine erlebnisreiche Hochgebirgswanderung im Herzen der „Blauen Silvretta“.

Seite 30

Zur Heilbronner Hütte

Bequeme Wege führen zu diesem großen Schutzhaus im wilden Verwall.

Seite 36

Zur Anton-Renk-Hütte

So einen Wasserfall sieht man nicht alle Tage – und er ist nur ein Grund, in Fendels die Wanderschuhe zu schnüren.

Seite 54

Auf die Parseierspitze

Die Nummer eins in den Nördlichen Kalkalpen fordert Kondition und Klettergewandtheit. Wer sie jedoch erklimmt, wird sie nicht mehr vergessen.

Seite 60

Zum Berglisee

Wer glaubt, das Paznauntal sei nur etwas für Skifahrer, entdeckt hier auch herbstliche Wanderfreuden.

Seite 42

Auf die Pezinerspitze

Die Lage macht's: Über dem vorderen Paznauntal bietet auch ein kleiner Berg die große Übersicht!

Seite 48

Der Venet-Rundweg

Kurz ist sie trotz der Seilbahnhilfe nicht, die Überschreitung des Landecker „Hausbergs" – aber man erlebt dabei eine wahre Himmelsleiter.

Seite 66

Zum Steinsee

Die Lechtaler Alpen gelten als die wildesten Berge Tirols. Erholung verspricht dort eine Rast an ihrem schönsten Wasserspiegel.

Seite 72

Seebensee und Drachensee

Direkt gegenüber dem Zugspitzmassiv locken ein berühmtes und ein weniger bekanntes Gewässer zum Flanieren und Fotografieren.

Seite 78

Rund um den Plansee

Der „Alpenfjord“ im Außerfern bezaubert Jung und Alt.

Seite 84

Auf das Gaishorn

Der Vilsalpsee gehört zu den meistbesuchten Ausflugszielen im Tannheimer Tal – das Gaishorn zu seinen stilleren Gipfeln.

Seite 90

Zum Piburger See

Das Ötztal für Einsteiger – In seinem nördlichen Bereich verbirgt sich eines der beliebtesten Badegewässer des Landes.

Seite 96

Stuibenfall und Höfle

Tirols höchster Wasserfall wurde mit einer spektakuären Weganlage erschlossen.

Seite 102

Zum Samoarsee (Brizzisee)

Das kleine Wasserauge über der Martin-Busch-Hütte erinnert an die Frühzeit des Ötztal-Tourismus.

Seite 108

Die Gurgler Seenplatte

Wer Gletscherberge nicht erklimmen, sondern aus idealer Perspektive bewundern möchte, ist hier gerade richtig.

Seite 114

Auf Salfains

Wer die beste Aussichtsloge vor den Kalkkögeln, den „Nordtiroler Dolomiten“ über Innsbruck sucht, findet sie hier.

Seite 126

Auf der Innsbrucker Nordkette

Welche Metropole kann sich schon rühmen, Hochgebirge innerhalb ihrer Stadtgrenzen zu besitzen?

Seite 132

Zum Ramolhaus

Eine Hütte wie keine Hütte – exponiert über dem Gurgler Ferner gelegen und doch urgemütlich und heimelig.

Seite 120

Auf die Mairspitze

Man kann sie auf dem Weg von der Sulzenauhütte zur Nürnberger Hütte leicht „mitnehmen“ und kommt dabei den schönsten Stubaier Seen und Gletschern ziemlich nahe.

Seite 138

Auf die Serles

Eine Bergtour kann fröhlich sein oder anstrengend, kinderleicht oder „sauschwer“. Die Tour auf die Serles ist jedoch fast sakral.

Seite 146

Auf den Bärenkopf

Der Achensee ist wunderschön, besonders wenn man ihn vom Nord- bis zum Südufer erblickt. Das gelingt aber nur auf dem Bärenkopf.

Seite 164

Der Große Ahornboden

Bäume prägen Berge – In der „Eng“, dem vielleicht schönsten aller Karwendeltäler, wird einem das Herz weit!

Seite 170

Zum Obernberger See

Das nasse Juwel des Obernberger Tals ist nur wenige Kilometer vom Asphaltband der Brennerautobahn entfernt und scheint sich doch auf einem ganz eigenen Planeten zu befinden.

Seite 152

Zur Walderalm

Das Karwendelgebirge steht für Urnatur, Ursprünglichkeit und unbändige Wildheit. Die Walderalm an seinem Südrand ist jedoch ein ziemlich gemütliches Wanderziel.

Seite 158

Friesenberghaus und Olpererhütte

Hoch über dem Schlegeis-Stausee verläuft einer der beliebtesten Zillertaler Hütten- und Höhenwege.

Seite 176

Zireiner See – Hirschlacke

Das Rofan ist eine der kleinsten Gebirgsgruppen Tirols, es birgt aber ganz besondere Naturwunder, nicht zuletzt unter seinen nordseitigen Felsabstürzen.

Seite 182

Die Rundtour über den Zahmen Kaiser

Seine Majestät, der Wilde Kaiser, haben auch einen kleinen, wenngleich kaum weniger schroffen Gebirgsbruder. Es lohnt sich sehr, auch einmal die Nordseite des berühmten Kaisertals bei Kufstein zu erkunden.

Seite 188

Wildalmseen – Schafsiedel

Die Kitzbüheler Alpen im Osten Nordtirols sind im Winter als Skidestination und im Sommer als „Grasberge" bekannt. Aber auch Seen schmücken dort die Landschaft.

Seite 194

Zum Wangenitzsee

In der Schobergruppe im Süden des Großglockners werden Wanderer, die stille Täler, selten erstiegene Gipfel und ungestümes Bergwasser lieben, glücklich sein.

Seite 200

Zum Laserzsee

Der Laserzsee, über dem die Karlsbader Hütte thront, gilt als das Herzstück der Lienzer Dolomiten im Süden der Osttiroler Hauptstadt. Nicht jeder Weg dorthin ist überlaufen.

Seite 206

Moderne Seilschaft

Es sind aufstrebende Fotografinnen und Fotografen, die dich gemeinsam mit versierten Bergsteigern an dein Ziel führen. Erfahrung und Tatendrang treffen sich mit der gemeinsamen Sehnsucht nach den beeindruckendsten Augenblicken in der Region Tirol.

Roman Huber

Fabian Künzel

Roman Huber wurde 1989 in Bludenz (Vorarl-berg) geboren und ist in Landeck (Tirol) aufgewachsen. Er studiert in Innsbruck Geografie und Englisch, arbeitet aber auch als Social Media Manager. Oft bricht der leidenschaftliche Wanderer und Bergsteiger schon in der Dunkelheit auf, um zum Sonnenaufgang auf einem Gipfel zu stehen. Die Ergebnisse dieser Touren blieben nicht unbemerkt und so machte sich Roman 2018 als Fotograf selbstständig. „Früher habe ich die Schönheit vor der eigenen Haustüre kaum wahrgenommen, doch heute würde ich nirgendwo lieber leben. Ich hoffe, dass wir dir mit diesem Buch die Schönheit der Alpen ein wenig näherbringen können.“

Erfahrung zählt, Leidenschaft besteht

Fabian Künzel (†), der ein wichtiger Teil unserer Seilschaft war, verstarb nach der Herausgabe dieses Führers. In unseren Herzen und mit seinen Bildern wird er weiterhin unter uns sein. Seine Leidenschaft für das Wandern entdeckte er während eines Arbeitsaufenthalts im englischen Lake District National Park. Aus dem Wandern wurde Bergsteigen und 2015 führte ihn sein Studium für ein Jahr nach Norwegen, wo auch seine erste professionelle Systemkamera zum Einsatz kam. Sein größtes Geschenk zum 30. Geburtstag, so sagte er, war, dass er sich als Fotograf selbstständig gemacht hat. Wir werden Fabian immer als lebensfrohen Menschen und leidenschaftlichen Fotografen in Erinnerung behalten.

Wolfgang Heitzmann

Schon seit 40 Jahren ist **Wolfgang Heitzmann** im Gebirge unterwegs. Als Tourismusberater war er in vielen europäischen Urlaubsregionen tätig, entwickelte überregionale Kulturprojekte und realisierte zahlreiche Themenwege. Durch sein Engagement für bedrohte Naturräume wurde er zum Mitbegründer des Nationalparks Kalkalpen in Oberösterreich. Heute lebt er in Tirol und arbeitet in der Verlagsbranche. Mit 80 eigenen Führern und Bildbänden über die Alpen, die Toskana und die Insel Mallorca zählt er zu den erfolgreichsten Outdoor-Autoren. „Unvergessliche Augenblicke habe ich viele erlebt – als Jugendführer des Alpenvereins, auf Gletschergipfeln und Vulkanen, in Schluchten und Karstwüsten, an verborgenen Stätten der Urgeschichte, bei meinen Alpenüberquerungen mit dem Mountainbike oder beim winterlichen Schneeschuh-Trekking ..."

Jeder Augenblick wird mit dem Highlight der Tour vorgestellt. Bei der Vorstellung steht neben dem Fotografen der jeweiligen Tour auch sein Kürzel unter dem man ihn auf Instagram findet, so zum Beispiel: **@fabian_kuenzel**

Weitere Fotos in diesem Buch stammen von **Thomas Kargl**, **Alex Fuchs**, **Lisa Holzer**, **Thomas Hennerbichler** und vom **Team KOMPASS**. Tourenbeschreibungen haben auch **Siegfried Garnweidner**, **Raphaela Moczynski**, **Thomas Schmarda**, **Hermann Sonntag**, **Brigitte Schäfer**, **Walter Theil**, **Eva Maria Volgger** und **Mark Zahel** beigesteuert. Ihnen allen herzlichen Dank!

Deine Verantwortung

KOMPASS will dir mit diesem Wanderführer die Schönheit und Einzigartigkeit der Natur vor Augen führen. Hierfür wurden ganz besondere Orte ausgewählt. Sie gewähren dir einen atemberaubenden Blick auf die einzigartige Komposition aus natürlichen Strukturen und Elementen der jeweiligen Landschaft. Manchmal ist für das Auffinden der perfekten Perspektive ein Extraschritt auf schmalem Steig oder in weglosem Gelände erforderlich. Gerade hier gilt es sich eigenverantwortlich und respektvoll gegenüber der Natur und den Mitmenschen zu verhalten. Die Umwelt zu schützen und den eigenen Fußabdruck minimal zu halten ist Ehrensache.

Einen Moment für die Ewigkeit festzuhalten ist nichts wert, wenn wir die Natur für die Ewigkeit zerstören.

Ehrensache

Respektiere die Natur mit ihrer Schönheit und ihren Gefahren.

Es zählt das Miteinander. Gegenseitige Hilfe und Gemeinschaft wiegen mehr als der perfekte Schnappschuss.

Versuche mit öffentlichen Verkehrsmitteln oder mit dem Fahrrad anzureisen.

Gehe kein Risiko ein. Du willst deine Geschichten schließlich noch erzählen können.

Nimm mehr Müll mit nach Hause, als du mitbringst. Beteilige dich am Schutz unserer Umwelt.

Hinterlasse keine Spuren. Das Ökosystem ist fragil und erholt sich nur langsam.

„Plastik, Dosen und Papier,
sind den Bergen keine Zier.
Trägst du sie voller bis hierher,
trägst du sie heimwärts auch nicht schwer.“

Deinen Augenblick festhalten

Der Weg zum perfekten Foto – die Tipps vom Profi

Investiere in dich, bevor du in Ausrüstung investierst

Nicht die Kamera, sondern die Person mit der Kamera in der Hand macht das Foto. Ob das Bild also gelingt liegt nicht an der Kamera, sondern viel mehr an dir. Deshalb macht es gerade am Anfang Sinn mehr Zeit und Geld in dich und deine Fähigkeiten zu investieren, bevor du mehrere Tausend Euro in professionelles Kameraequipment steckst. Im Internet findet man zahlreiche kostenlose Videos, mit denen man sich die Grundlagen der Fotografie aneignen kann. Daneben gibt es für ein paar Euros auch Videoworkshops, die einem neben den Grundlagen der Fotografie auch Wissen zu speziellen Themen, wie zum Beispiel der Landschaftsfotografie vermitteln. Wer lieber abseits von Monitoren und mit viel Praxis lernen möchte, dem empfiehlt es sich einen Workshop bei einem Fotografen zu belegen. Diese sind zwar etwas teurer, aber man wendet das Gelernte in der Praxis an und hat die Möglichkeit, direkt Fragen zu stellen. Es war wohl noch nie so leicht, sich die Grundlagen der Fotografie anzueignen. Es liegt also nun an dir, die für dich beste Methode zu finden. Ein paar Grundlagen und Anregungen deine Augenblicke bestmöglich festzuhalten möchten wir dir aber auch hier im Buch mit auf den Weg geben.

Mit Licht malen

Fotografie bedeutet „Malen mit Licht". Das Licht ist also das bestimmende Medium, mit dem wir arbeiten. Die schönsten Stimmungen zum Fotografieren hat man zum Sonnenaufgang und Sonnenuntergang. Ein oft zitiertes Sprichwort sagt „Zwischen elf und drei hat der Fotograf frei" und beschreibt die Situation eigentlich ganz gut. Die tief stehende Sonne zum Morgen und am Abend sorgt für eine angenehme Lichtstimmung und kann mit einem farbenfrohen Himmel für ganz spezielle Fotos sorgen. Auch die Dämmerung nach Sonnenuntergang oder vor Sonnenaufgang, oft als „Blaue Stunde" bezeichnet, eignet sich noch hervorragend, um stimmungsvolle Fotos zu machen. Sobald die Sonne untergegangen ist packen viele Fotografen schon zusammen und verpassen damit einige fantastische Momente. Um besonders schöne Fotos zu machen versuche also so häufig wie möglich bei Sonnenaufgang und Sonnenuntergang zu fotografieren. Gerade als Anfänger sollte man jedoch auch untertags fotografieren, denn je mehr man fotografiert, desto schneller wird man besser. Mittags lässt sich zum Beispiel auch wunderbar der Bildaufbau üben.

Ein Bildaufbau wie die alten Künstler

Der Bildaufbau, oftmals auch als Komposition bezeichnet, sorgt für einen harmonischen Gesamteindruck des Fotos. Dafür gibt es einige Regeln zu beachten, die nicht erst mit der Fotografie entstanden sind, sondern ihren Ursprung in der Malerei haben. Eine der bekanntesten Regeln ist die „Drittel Regel" oder auch der „Goldene Schnitt". Ein Bild lässt sich mit zwei vertikalen und zwei horizontalen Linien dritteln. Dadurch entstehen neun Rechtecke und vier Schnittpunkte. In den meisten Kameras lassen sich diese Linien (Gitter) zur Hilfe einblenden. Die Drittelregel besagt, dass der Horizont immer auf einer der Linien liegen sollte und wichtige Bildelemente am besten an den Schnittpunkten platziert werden. Dadurch entsteht ein harmonischer Bildaufbau. Natürlich kann diese Regel auch bewusst gebrochen werden, um ein ganz besonderes Foto zu kreieren. Aber zum Anfang sollte man versuchen, sich bewusst an die Regel zu halten.

Das Motiv in Szene setzen

Mit dem richtigen Bildaufbau und dem passenden Licht hast du jetzt bereits zwei Zutaten für ein gelungenes Foto. Was jetzt noch fehlt ist das Motiv. Bevor du den Auslöser drückst, vielleicht sogar bevor du zum Fotografieren aufbrichst, solltest du dir Gedanken machen, was du fotografieren möchtest. Hast du ein Motiv, das du ablichten möchtest? Gibt es eine spezielle Stimmung oder Emotion, die das Foto vermitteln soll? Sei dir im Klaren darüber, was du fotografieren möchtest und plane, wie du dies umsetzen möchtest. Mit einer durchdachten Planung schaffst du es nämlich häufiger zur richtigen Zeit am richtigen Ort zu sein. Ideen für den richtigen Ort und das passende Motiv findest du in diesem Buch ja bereits. Hilfreiche Tools um die richtige Zeit herauszufinden sind Apps wie PhotoPills oder Sun Surveyor. Diese zeigen einem den Sonnenstand zu jedem beliebigen Datum an jedem beliebigen Ort an. Damit lässt sich zum Beispiel herausfinden ob sich eine Location eher zum Sonnenuntergang oder Sonnenaufgang eignet. Wenn du zum Beispiel ein Alpenglühen auf einem bestimmten Berg fotografieren möchtest, dann sollte die Sonne direkt hinter dir bzw. gegenüber dem Gipfel auf- oder untergehen. So wichtig die Planung und Vorbereitung ist solltest du trotzdem immer wieder spontan und ohne Plan raus zum Fotografieren. Dies fördert deine Kreativität und schult dein Auge, um neue Motive in der Natur zu entdecken.

Das Equipment

Die Ausrüstung wird allgemein viel zu sehr überschätzt. Wie bereits anfangs erwähnt ist die Person hinter der Kamera viel wichtiger für ein gelungenes Foto. Trotzdem möchten wir dir hier einige Tipps zur Ausrüstung mitgeben. Im Prinzip kann man mit den Kameras von modernen Smartphones bereits beeindruckende Ergebnisse erzielen. Da das Handy auf einer Wanderung immer dabei sein sollte, hat man damit auch kein zusätzliches Gepäck. Wer sich aber eingehender mit der Fotografie beschäftigen möchte, kommt früher oder später nicht um eine digitale Kamera herum. Seit einigen Jahren machen die spiegellosen Systemkameras

den digitalen Spiegelreflexkameras ordentlich Konkurrenz und werden diese in Zukunft wohl ablösen. Die spiegellosen Systemkameras sind um einiges leichter und kompakter als die Modelle mit Spiegel und eignen sich daher auch besser für Wandertouren in den Bergen. Wer sich jetzt mit einem Kamerakauf beschäftigt, sollte sich definitiv mit Systemkameras vertraut machen. Für welche Marke oder welches Modell man sich letztendlich entscheidet, spielt gerade am Anfang keine große Rolle bzw. beruht auf persönlichen Präferenzen. Alle modernen Kameras von namhaften Herstellern bieten eine hervorragende Leistung.

Generell lässt sich sagen, dass die Objektive für die Bildqualität auch wichtiger sind als die Kamera. Sprich die Kombination aus günstiger Kamera und teurem Objektiv wird wahrscheinlich das bessere Ergebnis erzielen als eine teure Kamera mit einem günstigen Objektiv. Deshalb möchten wir hier auch etwas genauer darauf eingehen. Es gibt im Prinzip zwei Arten von Objektiven: Zoomobjektive und Festbrennweiten. Mit Festbrennweiten kannst du nicht zoomen. Sie haben, wie der Name sagt, eine feste Brennweite. Bei Zoomobjektiven kannst du die Brennweite verändern, also den Bildausschnitt durch Zoomen entweder verkleinern oder vergrößern. Dabei gibt es verschiedene Varianten von Zoomobjektiven. Das Weitwinkelzoom hat ungefähr eine Brennweite von 16–35 mm. Beim Standardzoom reicht die Brennweite von ca. 24 bis 70 mm. Das Telezoom bietet Brennweiten von über 70 mm. Dann gibt es noch sogenannte Reisezooms, die einen Brennweitenbereich vom Weitwinkel (24 mm) bis zum Tele (200 mm) abdecken. Prinzipiell kann man sagen, je größer der Brennweitenbereich ist, desto schlechter ist die Bildqualität. Festbrennweiten haben damit meist die bessere Bildqualität gegenüber einem Zoomobjektiv. Festbrennweiten zeichnen sich außerdem mit einer offenen Blende aus (ausgedrückt durch eine niedrige F-Zahl wie f1.8). Dies ermöglicht einem auch bei wenig Licht (zum Beispiel in der „Blauen Stunde“) noch tolle Bilder zu machen. Für einen Anfänger empfiehlt sich der Kauf eines Standardzoomobjektivs zusammen mit einer Festbrennweite. Eine beliebte und günstig erhältliche Festbrennweite ist zum Beispiel ein 50 mm f1.8-Objektiv. Mit dieser Kombination ist man für die meisten Situationen gerüstet. Außerdem stellt man schnell fest ob man häufiger im Weitwinkel fotografiert oder eher im Telebereich und kann dann entsprechend nachrüsten.

„The best camera is the one that's with you“

Die Brennweiten beziehen sich hier auf „Full Frame“-Kamerasensoren, wie sie in den Spitzenmodellen vorkommen. Die meisten Modelle haben einen kleineren Sensor. Achtet beim Objektivkauf also auf das „Full Frame/35mm Equivalent“ der Brennweite.

Neben der Kamera und dem Objektiv solltest du noch in Ersatzakkus und ausreichend Speicherkarten investieren. Wenn du häufig zu Sonnenauf- oder -untergang unterwegs bist, lohnt sich auch der Kauf einer guten Stirnlampe, damit du auch in der Dämmerung sicher unterwegs bist. Ob sich für dich der Kauf eines Stativs lohnt hängt ganz von deiner Art zu fotografieren ab. Für den Anfang ist es sicherlich noch nicht notwendig.

Moderne Dunkelkammer am Computer

Du weißt jetzt also wie man coole Fotos macht und auf was es bei der Ausrüstung ankommt. Wenn du denkst damit sei alles erledigt, dann täuschst du dich aber. Denn was früher die Filmentwicklung in der Dunkelkammer war, ist heute die die Bildbearbeitung am Rechner. Sie hat einen großen Einfluss auf das Gesamtbild deines Fotos und ermöglicht es dir, einen eigenen Bildlook zu entwickeln. Um deine Fotos am Rechner optimal zu bearbeiten musst du deine Kamera so einstellen, dass sie im RAW-Format fotografiert. Diese Dateien enthalten mehr Bildinformation als das übliche JPEG-Dateiformat. Um diese RAW-Fotos anzuschauen und zu bearbeiten brauchst du dann noch eine entsprechende Software. Hier gibt es mittlerweile einige verschiedene Anbieter am Markt. Sie alle liefern vergleichbare Ergebnisse und es kommt mal wieder auf deine persönliche Präferenz an. Wer sich mit der Bildbearbeitung noch nicht auskennt und mehr lernen möchte, tut sich mit dem Branchenprimus Adobe Lightroom wohl am leichtesten. Hierzu findet man im Internet die meisten Tutorials und Workshops. An dieser Stelle können wir nicht detaillierter auf die Bildbearbeitung eingehen, doch möchten wir dir noch einen Tipp mit auf den Weg geben: Weniger ist mehr! Gerade am Anfang ist man begeistert welche Möglichkeiten einem die digitale Bildbearbeitung ermöglicht und ist versucht, diese bis an ihre Grenzen auszureizen. Das sieht man den Fotos dann auch gerne an und das Ergebnis ist alles andere als ein natürlicher Bildlook. Denke daran, dass die Bildbearbeitung dir helfen kann aus einem guten Foto ein ausgezeichnetes Foto zu machen. Was sie nicht kann ist, aus einem schlechten Foto ein gutes Foto zu machen.

Diese Tipps stammen vom Outdoor-Fotografen Fabian Künzel **@fabian_kuenzel**, welcher leider 2020 viel zu früh verstarb. Als Augenblick-Fotograf der ersten Stunde bleibt Fabian mit seinen Bildern und Texten ein wichtiger Teil unserer Seilschaft. **#gooutsideforfabi**

Dein Tirol

Landschaft, Geschichte, Infos

3500 Gipfel, darunter 500 Dreitausender, rund 600 Gletscher und 2100 Almen mit 186.000 Rindern, Pferden, Schafen und Ziegen: Das 12.640 Quadratkilometer große Bundesland Tirol bildet den alpinsten Teil der Alpenrepublik Österreich. „Die Gegend eignet sich sowohl für Sommerfrischler, die es bei Spaziergängen und Halbtagsausflügen bewenden lassen, als auch für Touristen, denen die Erdkuste erst dreitausend Meter überm Meeresspiegel interessant wird." So jedenfalls sah es der deutsche Schriftsteller Erich Kästner in seinem Text über Mayrhofen im Zillertal, wohin er am Ende des Zweiten Weltkriegs geflüchtet war.

Die Palette Tirols landschaftlicher Vielfalt reicht von den Gletscherbergen der Silvretta im Westen bis zu den bizarren Kalkzacken des Wilden Kaisers im Osten und vom urweltlich-einsamen Karwendelgebirge im Norden bis zum schon recht südlich anmutenden Hauptkamm der Karnischen Alpen. Nordtirol, das die Gebirgsgruppen beiderseits des Inntals und das sehr ursprünglich gebliebene Lechtal zwischen dem Hochtannberg und dem Ostallgäu umfasst, lockt mit Highlights wie den Ötztaler Alpen, der Bergwelt um die Zugspitze oder den „Grasbergen" rund um Kitzbühel. Osttirol, das nach der Abtrennung von Südtirol im Jahre 1918 im Süden des Alpenhauptkamms bei Österreich verblieben ist, gilt fast noch als Geheimtipp für alpine Individualisten, obwohl dort mit dem 3798 Meter hohen Großglockner und dem 3657 Meter hohen Großvenediger auch absolute Top-Ziele der Alpen glänzen.

Von welcher Seite her immer wir Tirol ansehen:
wir sehen Berge.

Hans Weigel, „Tirol für Anfänger" (1963).

Heute bietet Tirol ein 24.000 Kilometer umfassendes Netz gepflegter und gut markierter Wanderwege und Bergpfade, die durch großartige Gebirgslandschaften führen und dabei über 400 Schutzhütten miteinander verbinden. Die Mitglieder alpiner Vereine bauten im 19. und im frühen 20. Jahrhundert uralte Saumwege und Hirtenpfade zu durchgehenden Wanderrouten aus und schufen unter unglaublichen Mühen die ersten alpinen Unterkünfte. Dabei handelte es sich zunächst um ganz bescheidene Behausungen.

Wir nehmen dich in diesem Buch mit auf 30 unbeschreiblich schöne und abwechslungsreiche Wandertouren und zeigen dir die schönsten Ansichten und atemberaubendsten Ausblicke in der Alpenregion Tirol.

Dein Augenblick

Tourenbeschreibungen

1 Silvrettawetter

Die „Blaue Silvretta“, wie die vergletscherte Hochgebirgsregion zwischen Tirol, Vorarlberg und Graubünden oft genannt wird, zeigt sich an wolkenverhangenen Tagen in elegantem Schwarzweiß.

Bilder von: **Roman Huber @romempix**

Rund um das Hohe Rad

Tourencharakter

Für geübte Bergwanderer unschwierige Hochgebirgstour, größtenteils auf schmalen Bergwegen; im Bereich des Radsattels steil und steinig, aber durchgehend gut markiert.

Start und Ziel

Bielerhöhe, 2037 m, zwischen dem Tiroler Paznauntal und dem Montafon in Vorarlberg; Busverbindung von Landeck, Parkplatz.

Schwierigkeit: **mittel**
Dauer: **5:45 h**
Länge: **14 km**
Aufstieg **850 hm**
Abstieg **850 hm**

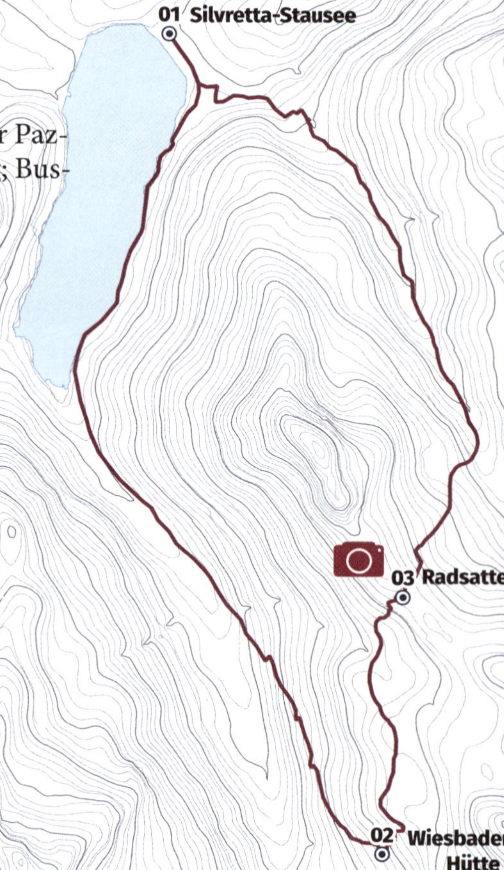

Höhenlinienmodell mit Streckenverlauf

Höhenprofil

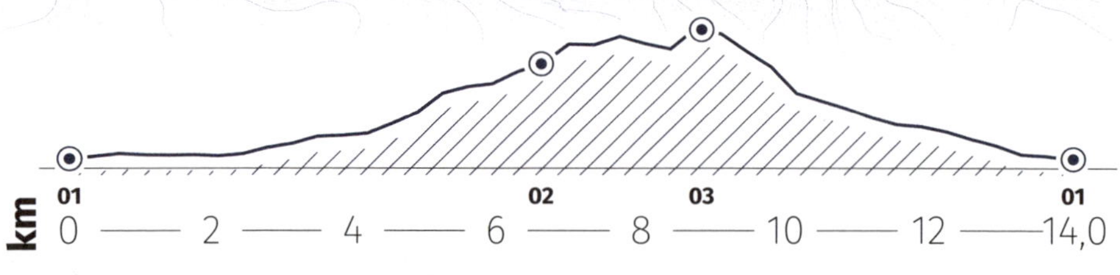

Mit dem Bau des Wasserspeichers der Ill-Werke 1953 wurde das Montafon mit dem Paznaun durch eine Panoramastraße verbunden. Die Passhöhe der Silvretta-Hochalpenstraße liegt an der Landesgrenze zwischen Vorarlberg und Tirol; sie bildet die Wasserscheide zwischen Rhein und Donau. Die ersten Touren-Augenblicke in diesem Buch erlebt man dies- und jenseits dieser unsichtbaren Linie inmitten der Dreitausender und Gletscher der Silvrettagruppe.

Herziges Naturwunder – der Radsee.

Den Auftakt zur Hochgebirgswanderung ins Ursprungsgebiet der Ill bildet ein Gang über den östlichen Damm des Silvretta-Stausees **01**. Danach folgen wir zunächst dem Seeweg, bis die Markierung nach links hinauf zum sogenannten „Sommerweg" leitet. Dieser bildet die lohnende Variante zum breiten Hüttenversorgungsweg. Der schmale Bergpfad schwingt sich sogleich hinauf und zieht oberhalb des Ochsentals an den Ausläufern des Hohen Rads stetig bergan. Eine Etage tiefer fließt die junge Ill dem Silvretta-Stausee entgegen. Das milchig-weiße Wasser, das seine Farbe durch den Abrieb von feinstem Gesteinsmehl erhält, nennt man Gletschermilch.

Man konnte sich vor der Sonne nicht retten. Nur die Felsen und die Hütte, die neben dem Gletscher im Schutz eines Felsens errichtet war, gaben Schatten, und im Schatten gefror einem der Schweiß im Unterzeug.

Ernest Hemmingway schrieb in seiner Erzählung „Ein Gebirgsidyll" (1925) über Touren in der Silvretta

Über Bergwiesen, steile Grasflanken und mit Zwergsträuchern und Alpenrosen bewachsene Hänge rückt der spektakuläre Talschluss mit Puiz Buin und Ochsentaler Gletscher mit jedem Schritt näher. Die Abzweigung zum Radsattel ignorierend behalten wir die eingeschlagene Richtung bei, stoßen schließlich kurz vor einer kleinen Kapelle auf den Hüttenversorgungsweg und haben nach wenigen Metern das

Tagesziel erreicht – die stark frequentierte Wiesbadener Hütte 02; 2¾ Stunden.

Gleich hinter der Alpenvereinshütte beginnt der Edmund-Lorenz-Weg, der zum Radsattel führt. Wir folgen der weiß-rot-weißen Markierung auf zunächst steilem Pfad zu einer weiten aussichtsreichen Hochfläche empor. Diese überquert man in anregendem Auf und Ab und gelangt schließlich in einem letzten Steilaufschwung zum Radsattel 03. Der Ausblick von hier ist grandios. In urtümlicher Landschaft ohne Bergbahnen und Skilifte ragen graugrün und rostrot schroffe Felsgrate aus grünen Matten empor. Dahinter schimmern die weißen Firnfelder und imposanten Gletscher so bekannter Silvrettagipfel wie Klostertaler Egghorn, Schneeglocke, Silvrettahorn, Signalhorn und Piz Buin; 1¼ Stunden.

Der Abstieg vom Radsattel ins Bieltal überwindet zu Beginn bereits einen Großteil an Höhenmetern in steinigem Gelände. Bevor rechts kleine Seen und Feuchtgebiete liegen, ist das Fels- und Geröllfeld schon durchquert. Als größerer See liegt links des Weges auf einer Anhöhe der Radsee in grüne Wiesen gebettet. Mit dem munteren Bieltalbach wandern wir talwärts und folgen der Markierung zum Staudamm des Silvrettasees hinab, auf dem es zum Ausgangspunkt 01 zurückgeht.

In der Nähe des Radsattels kontrastiert zartes Wollgras mit dunklen Felsformationen.

Dein Moment für die Ewigkeit

Bildkomposition

Egal wie gut deine Fotoausrüstung – auch wenn es nur deine Handykamera – ist, entscheidend ist der Bildaufbau. Damit ist die Einteilung des Bildes gemeint, die Anordnung der Elemente, die Aufteilung in mehrere Ebenen und die Wahl und Platzierung von Motiven.

2 Verwall für alle

Zur Heilbronner Hütte führen breite, bequem begehbare Alpstraßen und Wanderwege. Abseits davon zeigt sich das Verwall am Westrand Tirols jedoch als ungestümes Bergland mit Felszinnen und Firnfeldern. Wer will, kann die Wildnis am Albonabach schon ein wenig ausprobieren.

Bilder von: **Roman Huber @romempix**

Zur Heilbronner Hütte 2320 m

Tourencharakter
Gemütliche Alm- und Hütenwanderung auf Schotterstraßen und gut markierten Pfaden – auch mit Mountainbike oder E-Bike gut machbar.

Start und Ziel
Kops-Stausee, 1822 m, westlich von Galtür im hinteren Paznauntal; von der Silvretta-Hochalpenstraße rechts auf der Mautstraße zum Alpengasthof Zeinisjoch.

Schwierigkeit: **mittel**
Dauer: **4:00 h**
Länge: **13,9 km**
Aufstieg **620 hm**
Abstieg **620 hm**

Höhenlinienmodell mit Streckenverlauf

Höhenprofil

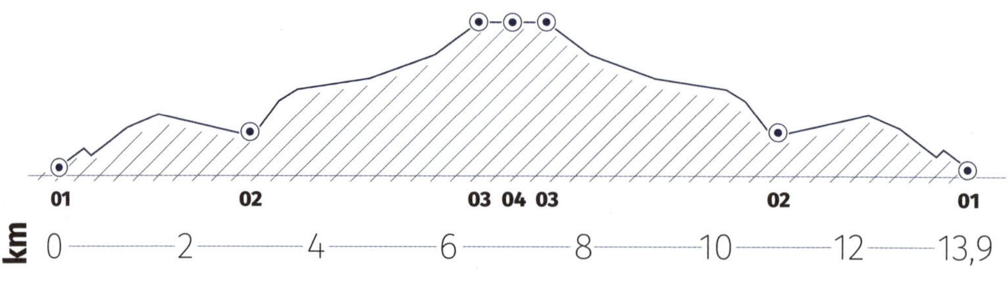

Landschaftlicher Dreiklang – Wasser und Wiesen, karges Gestein und am Horizont die vergletscherte Silvretta.

Der Name Verwall wird vom romanischen Begriff *„val bel“* (schönes Tal) hergeleitet.

Die Heilbronner Hütte befindet sich am Südrand des Verwallgebirges. Der hier vorgestellte Zugang beginnt knapp westlich der Tiroler Landesgrenze, am Kops-Stausee im Bundesland Vorarlberg. Der nördliche der beiden Scheidseen in unmittelbarer Nähe der Schutzhütte befindet sich auf Tiroler Gebiet, wo der Albonabach ins Schönverwalltal am Fuß des wildfelsigen Patteriols (3056 m) plätschert. Fotomotive gibt's also dies- und jenseits des Verbellner Winterjöchlis in diesem wildromantischen Grenzgebiet.

▶ Von der Bushaltestelle beim Wanderparkplatz **01** gegenüber dem Alpengasthof Zeinisjoch folgen wir der Beschilderung „Heilbronner Hütte, Verbellaalpe“ auf einem Fahrweg nach Westen bergauf. Nach der Überquerung eines Bachs geht's um einen Geländerücken herum und am kleinen Zeinissee (1915 m) vorbei. Dann wandern wir auf einem breiten Pfad im sanften Auf und Ab ins weite, grüne Tal der Verbellaalpe **02** (1938 m), die im Sommer bewirtschaftet ist. Vor den steinernen

Luftige Einsamkeit in den Bergen des Verwalls.

Gebäuden, die sich in den lawinenträchtigen Hang ducken, biegen wir rechts Richtung „Heilbronner Hütte“ ab, übersetzen den Verbellabach und folgen dem breiten Weg zunächst steiler aufwärts. Bald wird der Talboden flacher und wir treffen wieder auf den Fahrweg, der rechts zur bereits sichtbaren Neuen Heilbronner Hütte **03** (2320 m) führt. Zuletzt geht's stärker ansteigend zum Verbellner Winterjöchli und der knapp darüber thronenden Schutzhütte empor – kurz davor erblickt man auf der anderen Seite den südlichen Scheidsee; 2½ Stunden.

Empfehlenswert ist der 10-Minuten-Abstecher zum Nördlichen Scheidsee **04** (2270 m), der sich schon im Bundesland Tirol befindet.

Der Rückweg erfolgt auf derselben Route in etwa 1½ Stunden.

Dein Moment für die Ewigkeit

Bewegung einfangen

Ein Bild ist eine Momentaufnahme. In der Landschaftsfotografie spielt sich normalerweise wenig Bewegung ab. Anders als bei Sportaufnahmen, wo man die Bewegung in den Vordergrund stellt, kannst du Bewegung dezent von einer Bergkulisse einrahmen lassen.

3 Paznauner Prunkstück

Groß ist er wirklich nicht, der Berglisee, aber wunderschön. Groß ist jedoch seine Kulisse im Süden: Das Dreiköpfl, ein Fast-Dreitausender mit einem Gletscherrest, dem das Seewasser sein einzigartiges, türkises Schimmern verdankt.

Bilder von: **Roman Huber @romempix**

Zum Berglisee 2115 m

Tourencharakter
Unschwierige Wanderung, steiler Aufstieg auf Abkürzungssteig; Rückweg bis zur Lareinalm auf schmalem Bergweg, danach breiter Forstweg. Gut markiert, rot-weiß-rote und gelbe Wegtafeln; der direkte Weg aus dem Tal zur Lareinalm ist MTB-geeignet.

Start und Ziel
Mathon, 1454 m, im Paznauntal zwischen Ischgl und Galtür; Bushaltestelle und Parkplatz.

Schwierigkeit: **mittel**
Dauer: **5:00 h**
Länge: **12,5 km**
Aufstieg **660 hm**
Abstieg **660 hm**

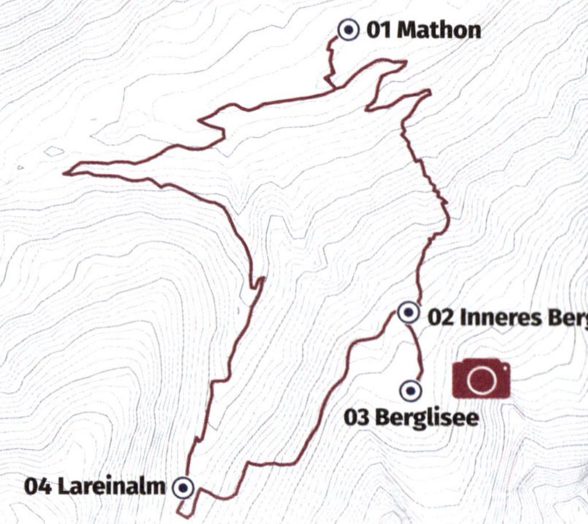

Höhenlinienmodell mit Streckenverlauf

Höhenprofil

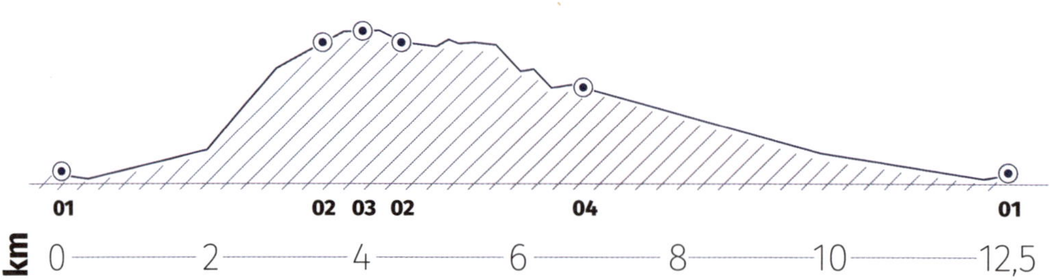

Herbstliche Farbenpracht vor dem schattigen Kar.

Das Paznauntal um Mathon und Ischgl – das romanische Wort „Yscla“ bedeutet soviel wie „Insel“ – wurde einst von Romanen und Walsern besiedelt.

1617 Einwohner, 10.600 Gästebetten, Riesen-Events am Berg und eine Lift-Förderkapazität von 90.000 Personen in der Stunde: Heute zählt Ischgl zu den größten Skidestinationen der Alpen. Nur wenige Menschen und keine Spur von Seilbahnen wird man jedoch bei der hier vorgestellten Wanderung im westlichen Bereich des Paznauntals finden. Ohne jede Aufstiegshilfe kostet das angestrebte Ziel, ein winziger, aber wunderschöner Bergsee, zwar einige Mühe, die aber mit dem Erlebnis der ursprünglich erhaltenen Natur mehr als belohnt wird.

Von Mathon **01** aus benutzen wir zunächst die Straßenunterführung, überqueren die Trisanna und gehen am Haus „Neder“ vorbei auf die Forststraße. Nach den ersten Kehren folgen wir der Tafel „Inneres Bergli-Berglisee“ nach links abzweigend auf den schmalen Steig. Dieser kürzt die vielen, weit ausholenden Serpentinen der Forststraße ab und zieht in steilem Zickzack durch den schattigen Nederwald empor. Auf angenehmem Nadelboden wird das Ende des Hochwaldes erreicht. Wo der Wald sich lichtet, ist die steilste Etappe beim Inneren Bergli **02** geschafft.

Hier ist das Paznauntal noch sehr ursprünglich geblieben.

Auf der gegenüberliegenden Seite des Paznauntals ist die Friedrichshafener Hütte mit dem weiten Muttenjoch am westlichen Horizont gut erkennbar. Die Landschaft vom Inneren Bergli zum Berglisee gleicht einem Park. Lärchen und Zirben stehen auf bunten Wiesen mit Alpenrosen, Heidelbeer- und Wacholderbüschen. An kleinen Bächen und Wassertümpeln vorbei stehen wir im Nu am Berglisee 03. Das blaue Seenauge liegt eingebettet in eine urtümliche Landschaft mit alpinem Ambiente. Zauberhafte Rastplätze verführen zu ausgedehntem Picknick; 2¼ Stunden.

Zurück beim Inneren Bergli 02 biegen wir unterhalb der Hütten links ab Richtung Lareinalm. Der schmale Pfad bleibt den Hang querend noch eine Weile auf der 2000-Meter-Linie und senkt sich schließlich über einen mit Sträuchern bewachsenen Wiesenhang zum Bett des wilden Lareinbachs. Auf einer Brücke geht es über das schäumende Wasser im ursprünglichen Lareintal, das im Süden mit Lareinferner und Schnapfenspitzen fotogen abschließt. Von der Lareinalm 04, bei der man den vor Ort hergestellten Käse probieren kann, geht es auf dem breiten Lareintalweg stetig bergab. Begleiter ist ein gutes Wegstück der muntere Lareinbach, der mehrmals überquert wird. Dort wo der Weg geradeaus weiter über Tschaffein nach Galtür führt, biegen wir rechts ab dem Wegweiser „Waldkapelle Wildpark-Mathon" folgend. An der Waldkapelle vorbei leitet der breite Forstweg endgültig in den Talgrund, wo der Lareinbach in die Trisanna mündet. Beim Wildpark bleibt man am rechten Ufer der Trisanna, überquert diese auf der Höhe von Mathon 01 und gelangt durch die Unterführung zum Ausgangspunkt der Rundtour zurück.

Dein Moment für die Ewigkeit

Zur richtigen Zeit am richtigen Ort

Die Überschrift verrät zwei der wichtigsten Faktoren für ein gelungenes Foto. Jeder Ort hat dabei seine Besonderheiten was die Zeit betrifft. Das kann sowohl die Tageszeit als auch die Jahreszeit sein. Auf dem Bild sieht man leuchtende Farben einer Herbststimmung mit direktem Lichteinfall der Nachmittagssonne.

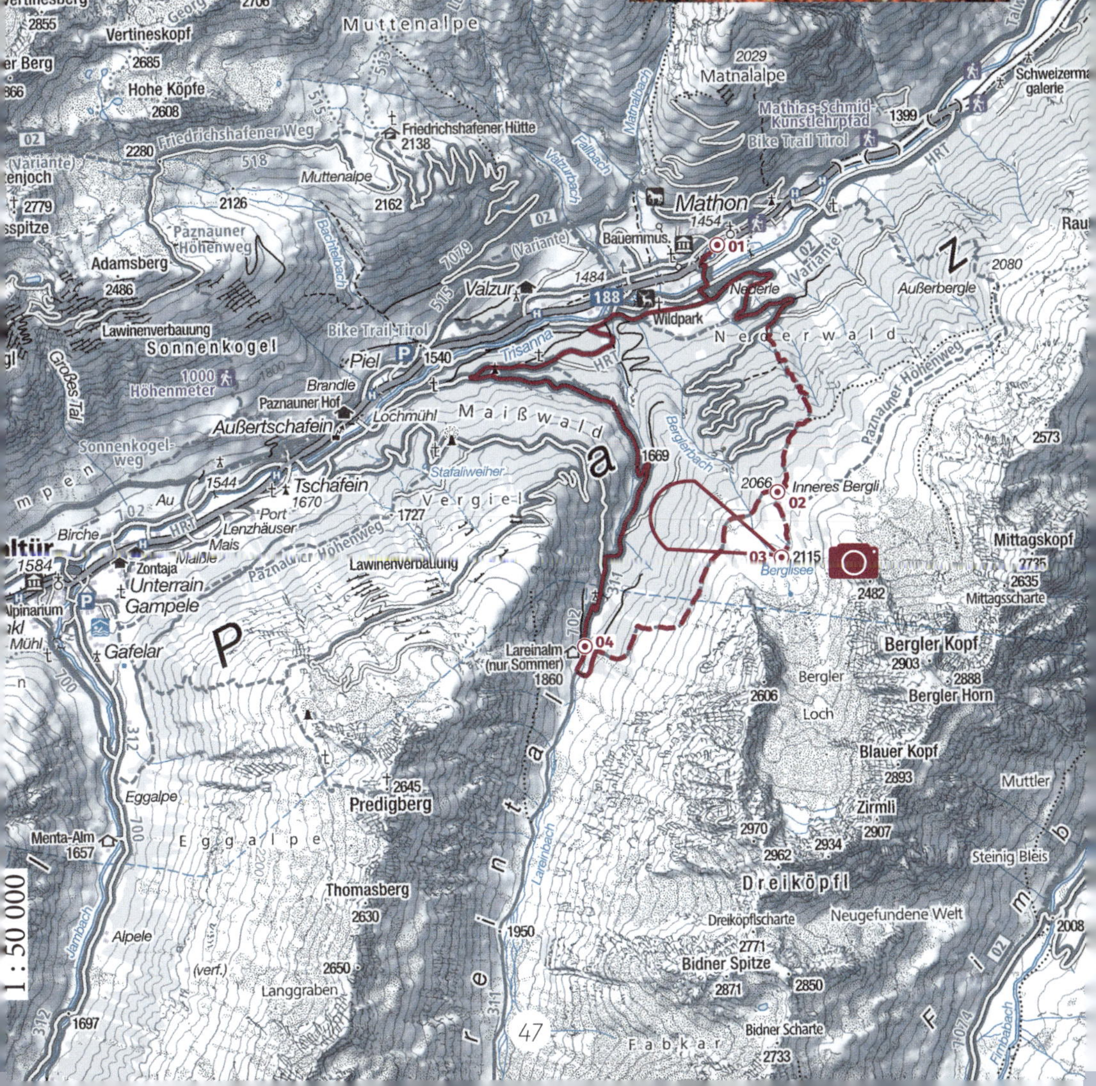

4 Lieber Lawinenberg

Die Bergsteiger mochten sie mehr als die Bauern, die ihre Lawinen fürchteten. Inzwischen hat man die Pezinerspitze mit viel Eisen gebändigt. Ihre Gipfelaussicht – hier nach Osten bis zum Karwendel – ist frei geblieben.

Bilder von: **Roman Huber @romempix**

Auf die Pezinerspitze 2550 m

Tourencharakter
Sehr lohnende Wald-, Alm- und Bergwanderung auf Schotterstraßen und gut markierten, aber stellenweise recht steilen Pfaden.

Start und Ziel
Langesthei, 1500 m, oberhalb von Kappl im vorderen Paznauntal; kostenfreie aber begrenzte Parkmöglichkeiten am Straßenrand in Inner- und Außerlangesthei.

Schwierigkeit: **mittel**
Dauer: **5:00 h**
Länge: **11,9 km**
Aufstieg **1050 hm**
Abstieg **1050 hm**

Höhenlinienmodell mit Streckenverlauf

Höhenprofil

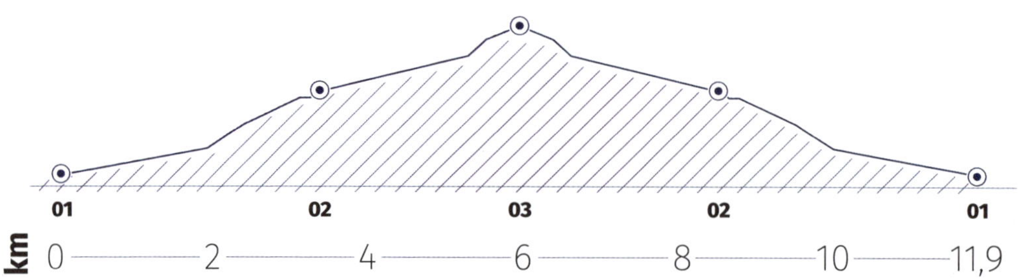

Die Mühen des Alltags bleiben unter der Nebeldecke.

Mit dem Altwerden ist es wie mit Auf-einem-Berg-Steigen: Je höher man steigt, desto mehr schwinden die Kräfte – aber umso weiter sieht man.

Ingmar Bergman

Durch ihre Lage im äußersten Osten der Verwallgruppe bietet die „Spitzina", wie die Einheimischen die Pezinerspitze nennen, eine großartige Aussicht über das Gebiet um die Bezirkshauptstadt Landeck. Im Gipfelpanorama stechen u. a. der Venet und der Tschirgant bei Imst, die Lechtaler Alpen über dem Stanzer Tal, die benachbarten Gipfel der Verwallgruppe um den Hohen Riffler und das Paznauntal mit der Silvrettagruppe samt der Samnaungruppe mit dem Furgler hervor.

Von Außerlangesthei **01** folgen wir der Beschilderung „Langesthei-Alpe, Pezinerspitze" auf dem Weg Nr. 34 bergauf. Oberhalb des Dorfes geht's rechts auf einer Forststraße weiter, bis man nach etwa 180 m links auf einen Bergpfad abzweigt. Dieser führt – die weiten Straßenkehren abkürzend – steil durch den Wald zu den Wiesen der Langestheier Alpe **02** (2060 m) hinauf. Dort kann man gut rasten, es gibt im Sommer manchmal Milch und Getränke.

Nun wandern wir wieder auf der Schotterstraße aufwärts, vorbei an den Lawinenverbauungen im Südhang der Pezinerspitze. Nach ungefähr 1,5 km endet die Fahrbahn und wir steigen auf dem steilen Pfad zum breiten Kamm empor. Auf diesem gelangen wir rechts in 15 Minuten zum Gipfelkreuz der Pezinerspitze 03 (2550 m); 3 Stunden.

Der Abstieg erfolgt auf derselben Route.

Herbstgold und die Berge auf der anderen Talseite umrahmen den Abstieg.

Dein Moment für die Ewigkeit

Heb dich ab

Du willst ein einzigartiges Bild schießen, das sich von anderen Darstellungen abhebt? Dann mach das auch mit deinem Motiv. Nutze klare Kontraste, um dein Motiv vom Hintergrund abzuheben. Achte dabei auf einen harmonischen, einheitlichen Hintergrund. Das kann ein dahinterliegender See, eine Wolkendecke oder der Horizont sein.

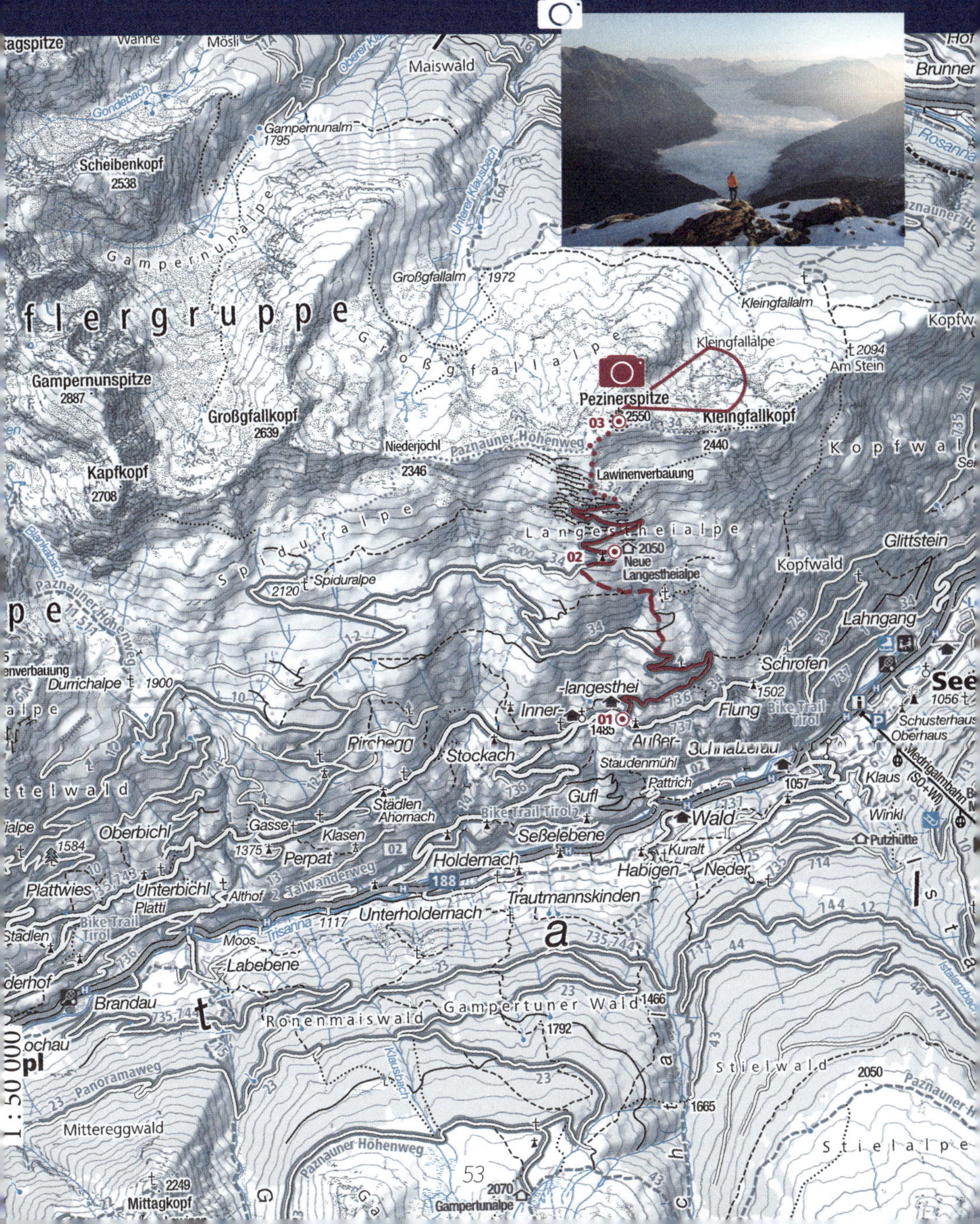

5 Kein Fall für alle Fälle

Wie aus dem Nichts ist es auf einmal da, das Wasser, das neben der Anton-Renk-Hütte über die Felswand stürzt. Was für ein Naturwunder – und was für ein Gegensatz zum „trubeligen" Skigebiet gegenüber in Serfaus!

Bilder von: **Roman Huber @romempix**

Zur Anton-Renk-Hütte 2261 m

Tourencharakter
Eine einfache Höhenwanderung auf Forststraßen und gut markierten Pfaden.

Start und Ziel
Fendels, 1352 m, erreichbar auf der Straße von Ried oder mit der Seilbahn Ried-Fendels. Von dort fahren wir mit der Vierer-Sesselbahn hinauf zum Sattelboden, 1870 m – im Herbst leider nur am Donnerstag und Sonntag. Talfahrt ebenfalls mit der Sesselbahn (www.kaunertal.com).

Schwierigkeit: **leicht**
Dauer: **4:30 h**
Länge: **11,6 km**
Aufstieg **460 hm**
Abstieg **460 hm**

Höhenlinienmodell mit Streckenverlauf

Höhenprofil

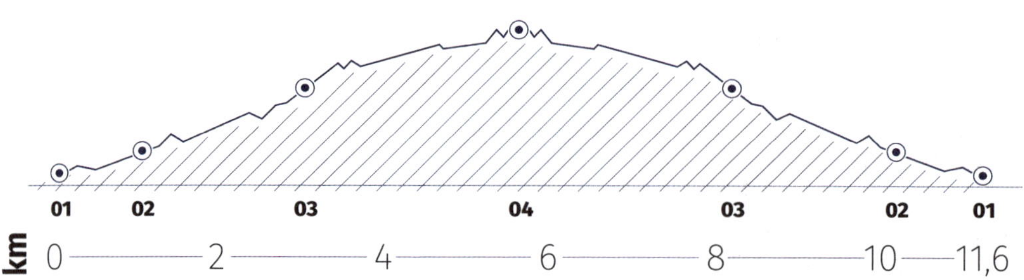

Eine Holzhütte als Erinnerung an ein Tiroler Original.

Die Hoffnung ist der Regenbogen über dem herabstürzenden Bach des Lebens.

Friedrich Nietzsche

Anton Renk (1871–1906) war ein Tiroler Schriftsteller, Volkskundler und auch ein begeisterter Bergsteiger, der im Glockturmkamm der Ötztaler Alpen einige Erstbesteigungen durchgeführt hat. Nach ihm hat der Alpenverein eine kleine, 1926 erbaute Selbstversorgerhütte im Glockturnmkamm, im nördlichen Bereich des Naturparks Kaunertal, benannt. Sie steht an einem der eindrücklichsten Plätze der Tiroler Bergwelt: Über einer etwa 170 Meter hohen Felsstufe, über die sich die einzigartigen Renkfälle („Fallende Wasser") ergießen.

Von der gastlichen Sattelklause **01**, neben der sich ein schöner Waldspielplatz befindet, folgen wir der Beschilderung zur Anton-Renk-Hütte und wandern zunächst auf einem Fahrweg (Tierlehrpfad) zur Fendler Alm **02** (1970 m).

Von dort geht's auf einem Pfad kurz zur alten Fendler Alm hinab und danach in moderater Steigung über weite Weideflächen und durch schönen Lärchenwald bis zur Weggabelung am Zirmesköpfle **03** (2092 m) – dort haben wir schon die Hälfte

Im „Wilden Westen“ der Ötztaler Alpen.

des Anstieges hinter uns. Dann wandern wir links durch herrliche Zirbenbestände zu einer Quelle unter dem Schlantekopf und weiter durch steile Hänge zu den Fissjochböden, von denen man eine gute Sicht zum Wasserfall unterhalb der kleinen Anton-Renk-Hütte genießt. Nun wird die Landschaft mit jedem Schritt beeindruckender, bis wir schließlich nach ungefähr 2½ Stunden die wunderbar gelegene, aber leider unbewirtschaftete Anton-Renk-Hütte 04 (2261 m) des Alpenvereins erreichen. Durch die Felswand neben dem Wasserfall führt übrigens ein sehr luftiger und dementsprechend schwieriger Klettersteig.Der Rückweg erfolgt auf derselben Route, wobei man die letzte Talfahrt des Sessellifts um 16:45 Uhr im Auge behalten sollte.

Variante: In gut 1 Stunde kann man mehrere Bergseen im Fallende-Bach-Kar oberhalb der Hütte erwandern. Dabei folgt man dem beschilderten Aachener-Höhenweg ins Kar hinauf; dahinter taucht bald der Pfroslkopf (3148 m) mit seinem kleinen Gletscher auf. Unterhalb der Zirmesspitze auf der rechten Seite des Kars erreicht man den Großen See (2560 m), der noch um 290 m höher liegt als die Hütte und nur selten besucht wird.

Dein Moment für die Ewigkeit

Grau in Grau?

Das Wetter und das Licht ist gar nicht wie du es dir für dein Foto erhofft hast? Deine ersten Bildversuche wirken kontrastlos und langweilig? Gut, dass du es erkannt hast, jetzt kannst du dem bewusst entgegenwirken. Suche dir Farbe, suche dir Kontraste und konzentriere dich ganz auf den Bildaufbau.

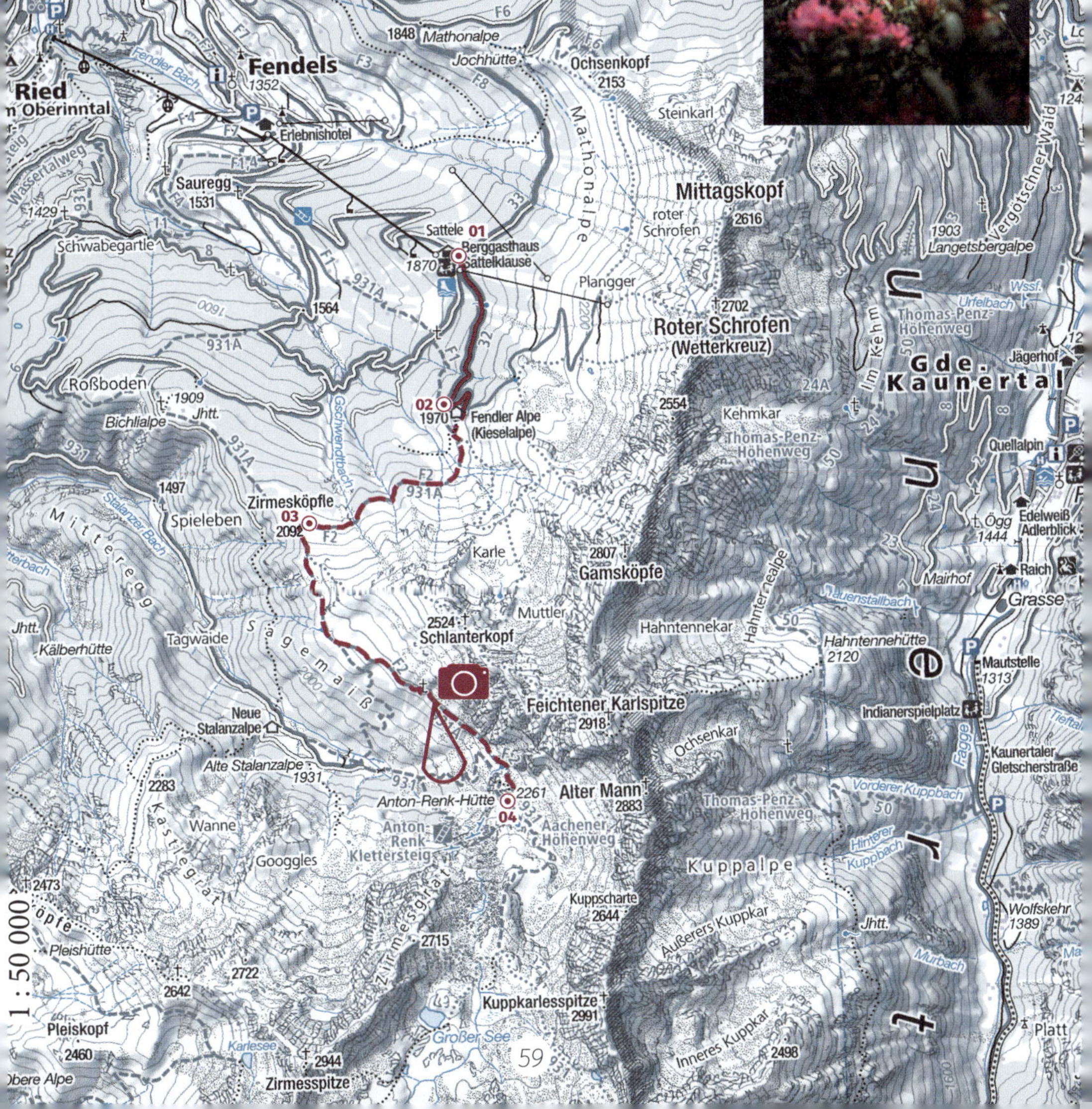

6 Kalk-Kulmination

Frage fürs Fernsehquiz: Wie heißt der höchste Gipfel der Nördlichen Kalkalpen? Zugspitze, Watzmann, Dachstein? Mitnichten, es ist die Parseierspitze, der einzige Dreitausender zwischen Wien und dem Bodensee.

Bilder von: **Roman Huber @romempix**

Auf die Parseierspitze 3036 m

Tourencharakter
Lange und sehr anspruchsvolle Bergtour nur für geübte, klettergewandte Bergsteiger, die sehr gute Kondition sowie absolute Trittsicherheit und Schwindelfreiheit voraussetzt. Bis zur Augsburger Hütte gute Pfade, dann bis zum Gipfelaufbau schwieriger, felsig und stellenweise mit Stahlseilen gesichert (A/B). Der letzte Aufstieg durch die Südwand (ca. 200 Höhenmeter) erfordert leichtes bis mäßig schwieriges Klettern (bis zum Schwierigkeitsgrad II) und ist steinschlaggefährdet (loses Gestein, Helm empfehlenswert). Probleme können auch harte Schneefelder bereiten, oft sind Steigeisen notwendig. Nur bei sicheren Wetterverhältnissen starten!

Start und Ziel
Grins, westlich von Landeck, 1006 m; Busverbindung von dort, kostenfreie Parkplätze beim Schwimmbad.

Schwierigkeit: **schwer**
Dauer: **9:00 h**
Länge: **12,9 km**
Aufstieg **2038 hm**
Abstieg **2038 hm**

Höhenlinienmodell mit Streckenverlauf

Höhenprofil

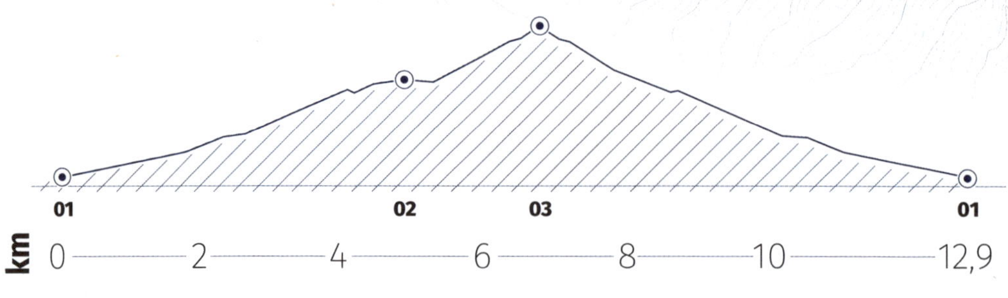

Die Augsburger Hütte – ein feiner Logenplatz hoch über dem Inntal.

Die Parseierspitze wurde am 23. August 1869 durch den Allgäuer Unternehmer Josef Anton Specht und dem Bergführer Peter Siess aus Grins zum ersten Mal erstiegen.

Das war damals keine ganz leichte Unternehmung – und der höchste Gipfel der Lechtaler Alpen ist bis heute nicht einfach zu erreichen: Selbst der „Normalweg“ führt durch steile, mittlerweile mit Stahlseilen gesicherte Felsflanken in steinschlaggefährdetes Gelände und zum Schluss durch die Südwand des Berges, in der keine Sicherungen das Höhersteigen erleichtern. Doch der Lohn für die lange Aufstiegszeit und die alpinen Mühen ist groß, vor allem an sonnigen Herbsttagen mit klarer Luft.

▶ Vom Parkplatz beim Schwimmbad von Grins **01** wandern wir auf einer Forststraße in einer S-Kurve unserem Bergziel entgegen. Schon nach wenigen Minuten zweigen wir bei einer Bank links ab und folgen dem beschilderten Pfad zur Augsburger Hütte. In stetiger Steigung geht's zwischen Latschen in ein Kar empor. Eine Felsstufe wird links im Bogen durch das Gasilltal umgangen, bis man rechts nach 3½ Stunden die traumhaft schön gelegene Augsburger Hütte **02** (2298 m) erreicht.

Von der Hütte gehen wir kurz zurück zum Gasilltal, zweigen dort rechts ab und steigen durch Schutt zum Fuß der Fernerwand (ca. 2600 m) an. Dort führt die mit roten Farbzeichen markierte Route über Felsplatten und schmale Gesteinssimse (Eisenklammern, Stahlseilsicherung) empor, dazwischen wird eine Rinne überquert. Dann

Wolken verdecken die Talsicht, aber vielleicht auch so manche schwierige Felspassage.

geht's im Zickzack durch eine steile, aber gut gestufte Felsflanke mit interessanten Gesteinsschichten höher. Man erreicht die Karmulde des Grinner Ferners, von dem allerdings kaum etwas übrig geblieben ist. Links (Wegweiser) kommt man flach durch Schutt oder Schnee zum markierten Einstieg in die Südwand der Parseierspitze (ca. 2800 m). Dort findet man ein loses Stahlseil, das die Überwindung der ersten Felsstufe erleichtert (sonst Schwierigkeitsstufe III). Viele Farbflecken weisen den besten Durchstieg – erst über Felsstufen etwas nach rechts (Aufschrift „Süd"), ungefähr in der Mitte der Südwand jedoch nach links. Das Gelände wird noch steiler und auch etwas grasig, bis man über eine letzte Steilstufe den Gipfel der Parseierspitze 03 (3036 m) erklimmt. 2 Stunden.

Der Abstieg erfolgt auf derselben Route.

Dein Moment für die Ewigkeit

Steiler als gedacht

Sobald du eine Person zeigst bekommt das Auge einen Größenvergleich und eine senkrechte Linie. Fotografierst du jetzt auch noch von oben (Vogelperspektive) oder von unten (Froschperspektive), verstärkst du durch die perspektivische Verzerrung die Höhe eines Berges oder die Tiefe eines Abgrundes.

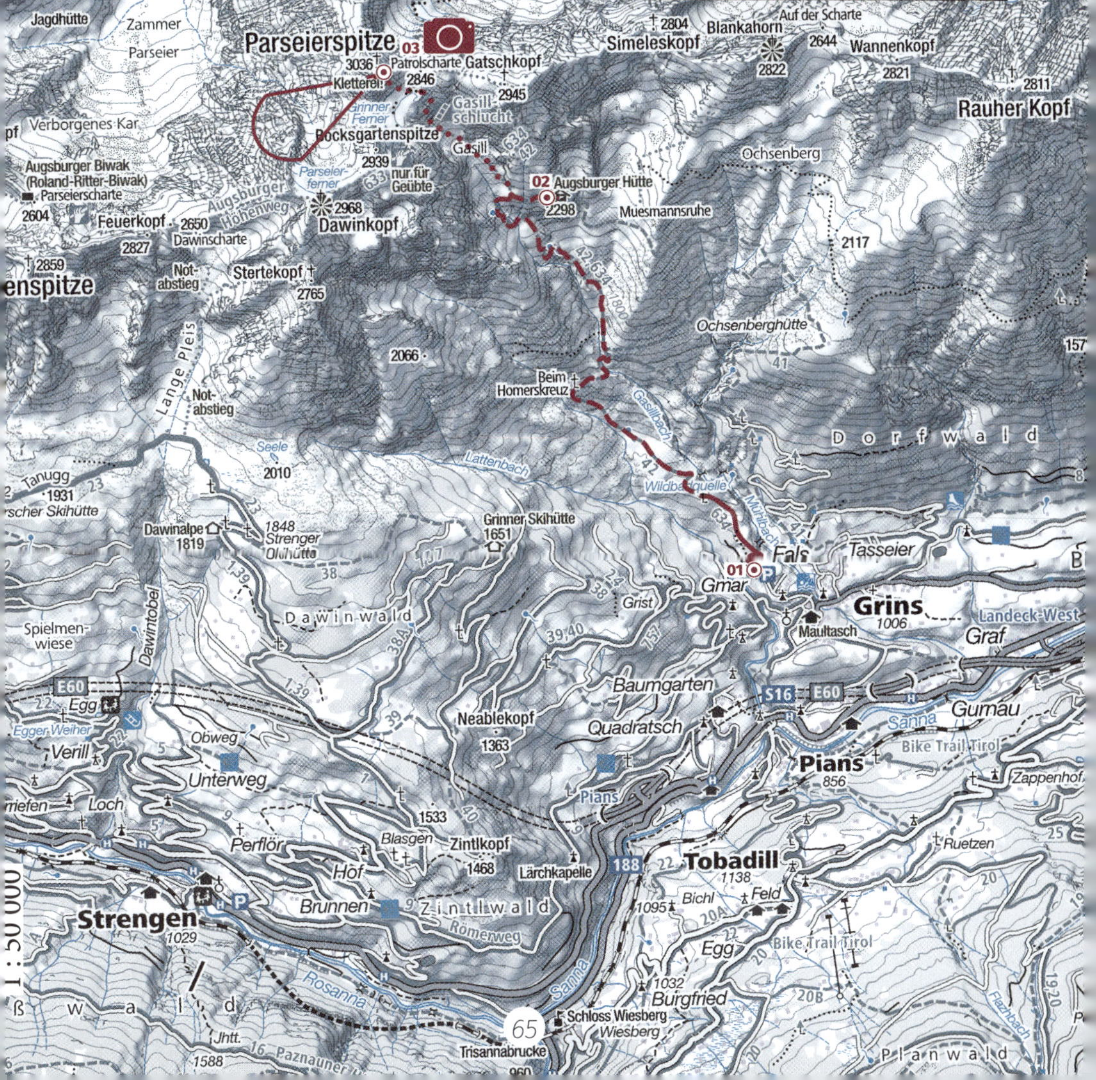

7 Platz für Perspektiven

Im Süden zeigt uns die fröhliche Gipfelersteigerin den Kaunergrat und im Norden die Lechtaler Alpen. Im Osten, so fügen wir hinzu, sieht man vom Venet aus die Hohe Munde und das Karwendelgebirge.

Bilder von: **Roman Huber @romempix**

Die Venet-Rundwanderung

Tourencharakter
Ausgedehnte, aber sehr aussichtsreiche Alm- und Höhenwanderung auf gut angelegten Wegen und Pfaden; der Gipfelrücken ist stellenweise etwas felsig, aber mit Trittsicherheit und Schwindelfreiheit nicht schwierig zu begehen. Einkehren kann man unterwegs in drei Almhütten, übernachten auch in der Venet-Gipfelhütte bei der Seilbahnstation.

Start und Ziel
Zams bei Landeck, 767 m, Talstation der Venet-Seilbahn. Auffahrt zur Bergstation am Krahberg, 2208 m; Talfahrt ebenfalls mit der Seilbahn (www.venet.at).

Schwierigkeit: **mittel**
Dauer: **7:00 h**
Länge: **16,9 km**
Aufstieg **600 hm**
Abstieg **600 hm**

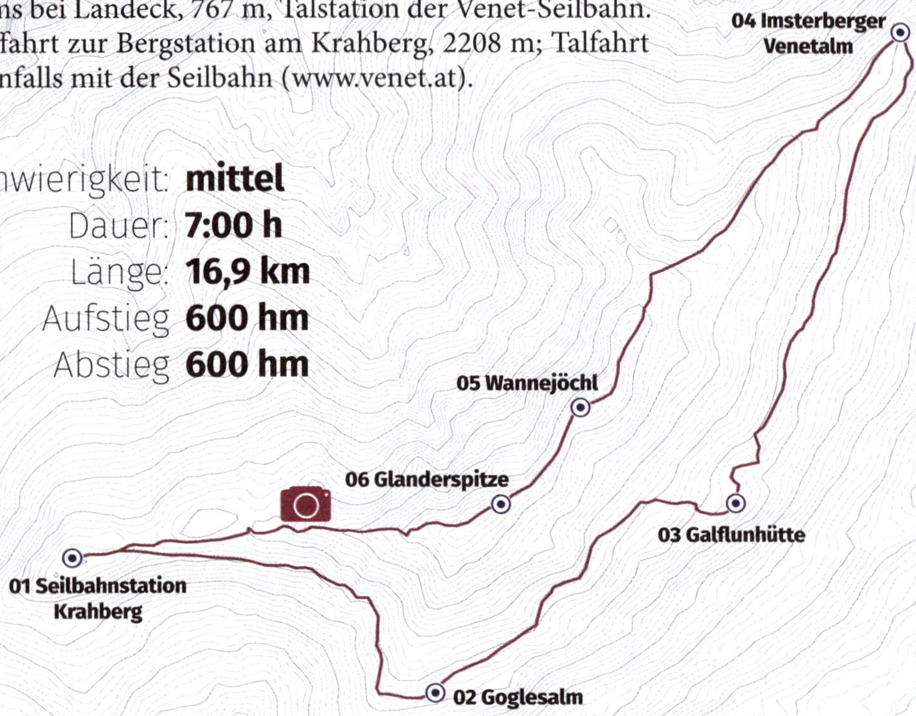

Höhenlinienmodell mit Streckenverlauf

Höhenprofil

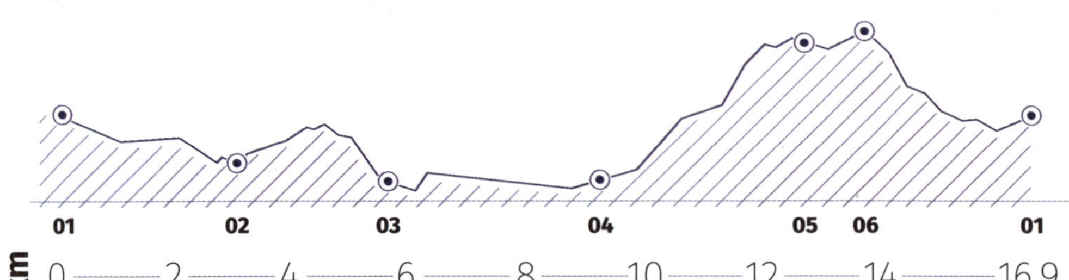

Eine originelle Wolkenschlange verbirgt die Seilbahnstation.

Was für ein Juwel und gleichzeitig immer noch ein Geheimtipp!

Aus www.venet.at

Der Venet, ein 15 Kilometer langes Bergmassiv im Nordwesten der Ötztaler Alpen, gilt zu Recht als der Aussichtsberg Westtirols. Wer einen klaren Tag erwischt, genießt auf der Glanderspitze, dem höchsten Punkt des Kamms, ein Panorama von den Lechtaler und Engadiner Alpen über die Ötztaler Alpen bis zum Karwendel. Die hier beschriebene Rundwanderung führt zuerst durch die Südhänge des Massivs und dann direkt über seinen Kamm.

Von der Seilbahn-Bergstation Krahberg der Zammer Venet-Seilbahn **01** und der Venet-Gipfelhütte folgt man zunächst der Beschilderung „Venet, Kreuzjoch, E5", zweigt aber schon nach 350 m rechts ab und wandert dann auf dem gut markierten Weg sanft abfallend durch die freien Südwesthänge der Glanderspitze und um einen Rücken herum zur knapp 1 Stunde entfernten Goglesalm **02**, 2017 m.

Weiter geht's im Auf und Ab durch südseitige Hänge zur Galflunalm **03**, 1961 m. Dort beginnt eine Forststraße, von der man nach etwa 400 m links abzweigt. Schon nach wenigen Schritten auf dem Pfad geht's rechts weiter und oberhalb der Larcheralm kurz auf einer Schotterstraße in den Klockerwald, wo man wiederum links auf einem Pfad weiterwandert. Im oberen Bereich des Baumbestands gelangt man schließlich zur Imsterberger Venetalm **04**, 1994 m.

Wer zählt die Gipfel der jenseits aufragenden Lechtaler Alpen?

Dort biegt man scharf links ab und steigt über den zunächst noch bewaldeten Bergrücken zum freien Imsterbergjoch, 2207 m, (Kreuz) und weiter gegen das Kreuzjoch, 2464 m, an. Dort wird der Kamm felsiger, der Pfad schlängelt sich jedoch geschickt unter dem Gipfel vorbei zum Wannejöchl 05, 2497 m.

In diesem Bereich mündet der Weitwanderweg E 5 ein, dem man auf dem aussichtsreichen Grat zur bereits sichtbaren Glanderspitze 06, 2512 m, folgt. Dort ist natürlich eine gemütliche Rast mit Prachtsicht auf die Gebirgsgruppen der Umgebung – Lechtaler Alpen im Norden, Samnaungruppe im Südwesten und Ötztaler Alpen mit dem Kaunergrat im Süden – fällig; in der Tiefe ist die bereits besuchte Goglesalm erkennbar.

Über den Westkamm absteigend kommt man zuletzt wieder zurück zur Seilbahn-Bergstation Krahberg 01.

Dein Moment für die Ewigkeit

Belichtung

Die Kamera kann nur einen gewissen Bereich des Lichtes auf einmal abbilden. Sie konzentriert sich entweder auf einen helleren oder einen dunkleren Lichtbereich. Setzt man die Belichtungsmessung im Bereich des Himmels, werden die Wolken schön erkennbar sein, die dunklen Bereiche aber wenig Licht abbekommen.

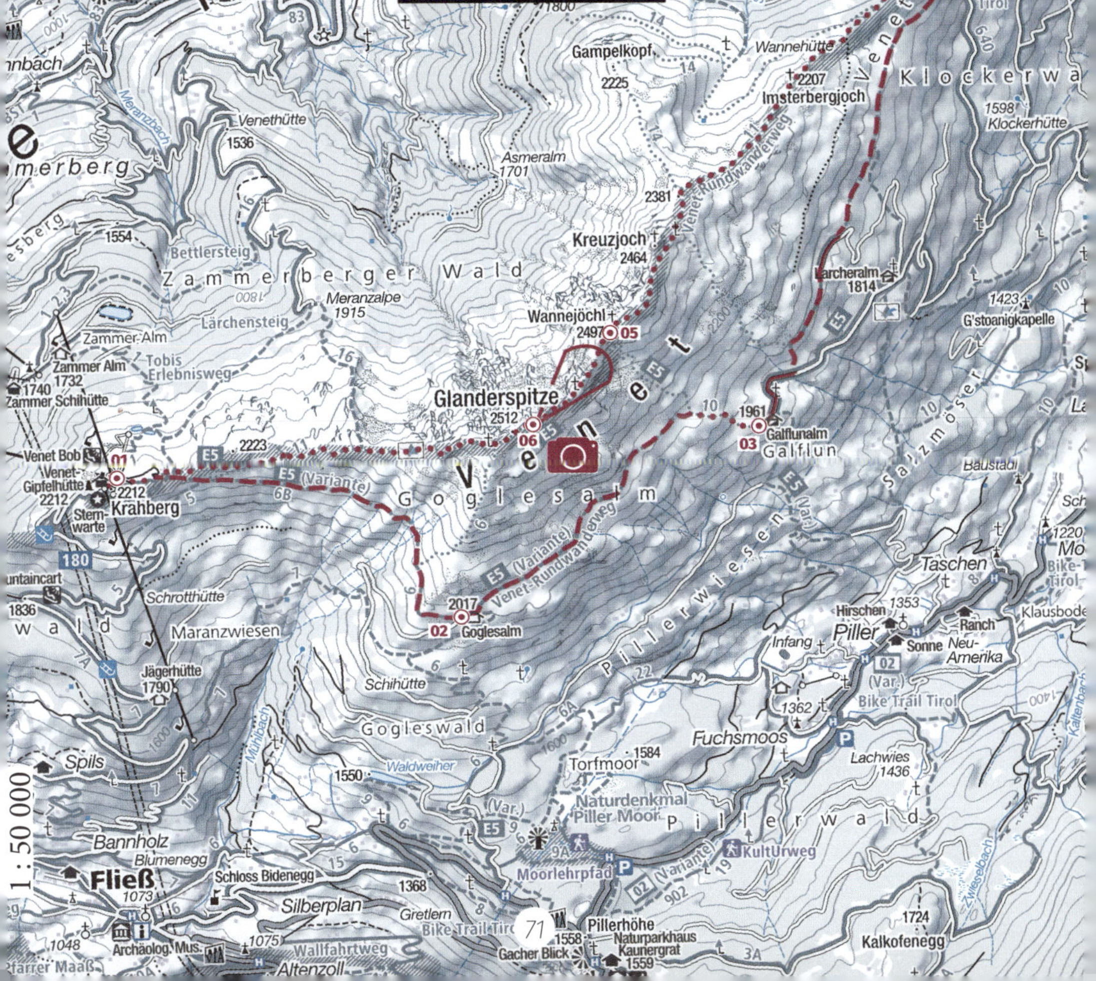

8 Schutzhaus & See

Steine gibt's massenhaft in den östlichen Lechtaler Alpen – aber nur einen Steinsee. Der liegt so beeindruckend unter zerklüfteten Bergen, dass man 1924 in seiner Nähe eine eigene Schutzhütte baute.

Bilder von: **Roman Huber @romempix**

Zum Steinsee 2222 m

Tourencharakter
Schöne Hütten- und Bergwanderung auf guten Wegen und Pfaden.

Start und Ziel
Parkplatz Alfuz knapp oberhalb der Alfuzalm, 1290 m. Zufahrt von Zams bei Landeck auf der Bundesstraße Richtung Innsbruck, ca. 700 m nach der Autobahnausfahrt Zams-Landeck links (Schild „Steinseehütte“) zur Werkseinfahrt einer Schottergewinnungsanlage und davor rechts auf einer Schotterstraße 4,5 km zum Wanderparkplatz hinauf.

Schwierigkeit: **mittel**
Dauer: **4:30 h**
Länge: **11 km**
Aufstieg **1030 hm**
Abstieg **1030 hm**

Höhenlinienmodell mit Streckenverlauf

Höhenprofil

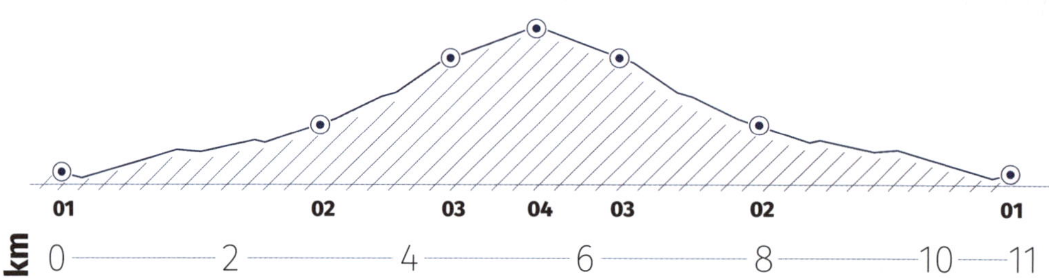

Ein See für die Seele, der Steinsee…

Der Erstbau war noch sehr klein, mussten doch die Baumaterialien in fünfstündiger Gehzeit von der Bundesstraße zum Steinsee getragen werden…

Aus www.steinseehuette.at

Der östliche Bereich der Lechtaler Alpen gehört zu den wildesten Berggebieten Österreichs, er birgt aber auch so zauberhafte Naturwunder wie den knapp 200 Meter langen und meist tiefblauen Steinsee im hintersten Starkenbachtal, einem stillen Bergparadies. Einen guten halben Kilometer davon entfernt empfiehlt sich die Steinseehütte zu einer Einkehr oder noch besser zu einer Übernachtung.

▶ Vom Parkplatz **01** wandern wir zunächst auf der Schotterstraße zur Alfuzalm hinab, danach über eine Holzbrücke und links auf dem Karrenweg durch den wilden Starkenbachgraben hinauf. Nach einer steileren Passage geht's im sanften Auf und Ab durch vermurtes Gelände weiter zur Vorderstark-alm (1509 m). Nach einem weiteren Anstieg erreichen wir die Talweitung der Hinterstark-alm **02**, wo wir der Beschilderung „Steinseehütte“ nach rechts folgen (der linke Weg führt zum Württemberger Haus). Wir steigen zwischen Latschen höher, unterqueren die Materialseilbahn und gelangen schließlich in Serpentinen hinauf zur gastlichen Steinseehütte **03** (2061 m); 2½ Stunden.

Davor weist das Schild „Hanauer Hütte, Muttekopfhütte“ nach rechts. Der Pfad steigt über einige Geländestufen an und erreicht eine Gabelung. Dort bleiben wir geradeaus und stehen wenige Minuten danach am Nordufer des idyllischen Steinsees **04**

(2222 m). Über seinem Spiegel erheben sich die Dremelspitze (2733 m), die Hanauer Spitze (2553 m) und der Bergwerkskopf (2728 m); 30 Minuten.

Der Abstieg erfolgt auf der Zugangsroute, selbstverständlich mit einer gemütlichen Einkehr (oder Übernachtung) in der Steinseehütte 03!

Die grauen Berge haben ein blaues Herz – die Dremelspitze über dem Steinsee.

Dein Moment für die Ewigkeit

Blende

Die Blende beeinflusst wie viel Licht durch das Objektiv fällt. Schließt man die Blende (niedriger Wert) verkleinert sich auch der scharfe Bereich des Bildes. Die Foto der Hütte wurde mit einer offenen Blende (Wert: f/2.8) aufgenommen. Die Almrosen im Vordergrund erhalten dadurch eine charmante Unschärfe.

9 Doublette & Farbenspiel

Man muss nur ein paar Höhenmeter überwinden, um statt der berühmten Zugspitz-Spiegelung des Seebensees die märchenhaften Blau- und Grüntöne seines Wassers zu fotografieren. Ruhiger ist's hier obendrein.

Bilder von: **Roman Huber @romempix**

Seebensee und Drachensee

Tourencharakter
Unbeschwerlicher Anstieg über blumenreiche Mähwiesen und Almböden zum bezaubernden Seebensee. Der Aufstieg zum Drachensee ist steiler und schottriger. Günstigste Jahreszeit Juni – September.

Start und Ziel
Ehrwald, 994 m, Talstation der Ehrwalder Almbahn (Parkplatz) östlich des Ortes.Mit Hilfe der Kabinenbahn (www.almbahn.at) lässt sich die Tour um etwa 3 Stunden verkürzen.

Schwierigkeit: **mittel**
Dauer: **7:30 h**
Länge: **18,6 km**
Aufstieg **1100 hm**
Abstieg **1100 hm**

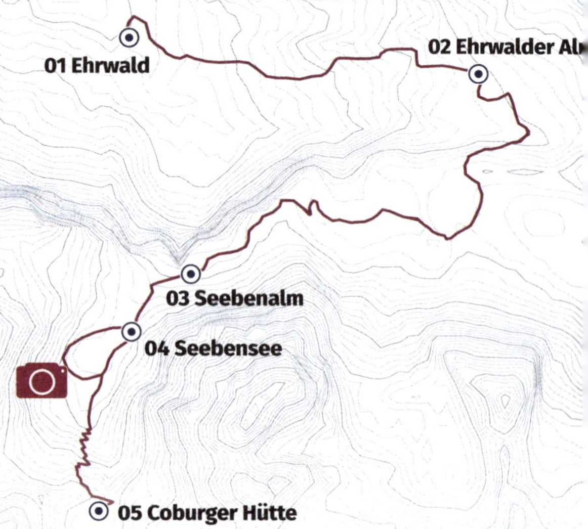

Höhenlinienmodell mit Streckenverlauf

Höhenprofil

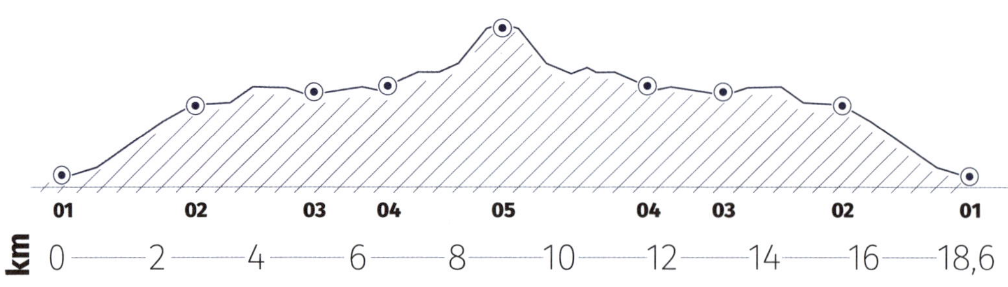

Die berühmte Zugspitz-Spiegelung – doch genau genommen spiegeln sich Schneefernerkopf und Wetterspitzen…

Es ist wie mit Rom – viele Wege führen zum Seebensee …

Von dreiraumhaus.de

Vorsicht! Am Seebensee kann das Fotografieren teuer werden. Die Gemeinde Ehrwald hat beschlossen, von Professionisten künftig ein Entgelt für Aufnahmen und Filme zu verlangen, wenn es sich um Flächen im Gemeindeeigentum oder der Gemeindegutsagrargemeinschaften handelt; es gibt aber auch viele Ausnahmen. Der Grund dafür: Die Spiegelung des Zugspitz-Massivs im Seebensee oberhalb von Ehrwald zählt zu den bekanntesten Fotomotiven aus Tirol. Mittlerweile sind jeden Sommer zwischen 40 und 70 Film- und Kamerateams dort oben unterwegs. Wer nun zahlt, darüber entscheidet man im Gemeindeamt (http://www.ehrwald.tirol.gv.at).

Die Aussicht auf den höchsten Berg Deutschlands steigert sich jedoch weiter beim Aufstieg zur gastlichen Coburger Hütte, die oberhalb des sagenumwobenen Drachensees im Herzen der schroffen Mieminger Berge steht – dort ist der Drücker auf den Auslöser (noch) gratis.

▶Von der Talstation der Ehrwalder Almbahn **01** führt ein breiter Wanderweg in südöstliche Richtung zum Geißbach. Dem dort befindlichen Wegweiser zufolge führt der Weg zur Ehrwalder Alm nun links – nach Osten – zwischen lichtem Waldrand und Wiesen bergauf. Es empfiehlt sich, bereits im ersten Wegabschnitt den Wiesen erhöhte Aufmerksamkeit zu schenken. Ein ungeahnter Reichtum an Blumen offenbart sich dem Auge. Diese Fülle an Formen und Farben ist erstaunlich. Mit zunehmender Höhe gesellen sich immer mehr Alpenblumen zu den Wiesenblumen dazu, und im Bereich der Almböden entfaltet die Alpenflora ihre ganze Schönheit. Am Rande dieser ausgedehnten Weideflächen befinden sich die Bergstation, zwei Raststätten und die Ehrwalder Alm **02** (1502 m).

Der sagenumwobene Drachensee.

Der Wanderweg geht bei der kleinen Bildkapelle unterhalb der Bergstation in den Forstweg zum Seebensee über. Dieser Weg verläuft auf den Weideflächen ostwärts, um dann am Waldrand nochmals den Geißbach zu überqueren und nach Südwesten zu schwenken. Ab der Bachüberquerung geht es zügig aufwärts in einen Waldbereich, der sich zu Ganghofers Rast und bis zur gastlichen Seebenalm **03** ausdehnt. Lichtungen und Aussichtspunkte mit Ruhebänken erlauben zwischendurch immer wieder Ausblicke auf die umgebenden Berge mit ihren steil aufragenden Gipfeln. Im letzten Abschnitt dieser Wanderung flacht der Weg wieder ab und schwenkt nach Süden. Es öffnet sich ein hochtalartiges Becken, in dem der tiefblaue Seebensee **04** (1657 m), gesäumt von Wiesen, Legföhren und Lärchen, liegt. In seiner Oberfläche spiegelt sich die großartige Gebirgskulisse.

Nach insgesamt 4 Stunden und einem zuletzt recht steilen Anstieg erreicht man den Drachensee unterhalb der Coburger Hütte **05** (1917 m). Man kann sich kaum vorstellen, dass in dieser Höhe und Abgeschiedenheit einst Bergknappen nach Erz schürften (1561–1735).

Der Rückweg erfolgt auf dem Anstiegsweg. Die am Weg liegenden Raststätten geben Gelegenheit zur Stärkung, bevor die Rückkehr ins Tal, auf dem Wanderweg oder mit der Kabinenbahn, angetreten wird.

Dein Moment für die Ewigkeit

Umwege in Kauf nehmen

Erst die Distanz und eine höhere Position ermöglichen Objekte wie den See in seiner vollen Pracht abzubilden. Hält der vermeintlich perfekte Standpunkt doch nicht die Erwartungen, probiere einen anderen. Es zahlt sich aus kleine Umwege in Kauf zu nehmen oder wieder an einen Standort zurückzugehen für ein Foto, das du dann für immer hast.

10 Abend am Alpenfjord

Der Plansee im Außerfern ist so sauber, dass Taucher von Sichtweiten bis zu 15 Metern berichten. Klettert man von seinem Ufer in die Höhe, dann erweitert sich der Gesichtskreis noch bis zum 2341 Meter hohen Thaneller.

Bilder von: **Roman Huber @romempix**

Rund um den Plansee

Tourencharakter
Der lange, unschwierige Bergpfad verlangt streckenweise aufmerksames Gehen.

Start und Ziel
Plansee, Hotel Forelle, 979 m; Schifffahrt (www.zugspitzarena.com).

Schwierigkeit: **leicht**
Dauer: **3:30 h**
Länge: **13,8 km**
Aufstieg **80 hm**
Abstieg **80 hm**

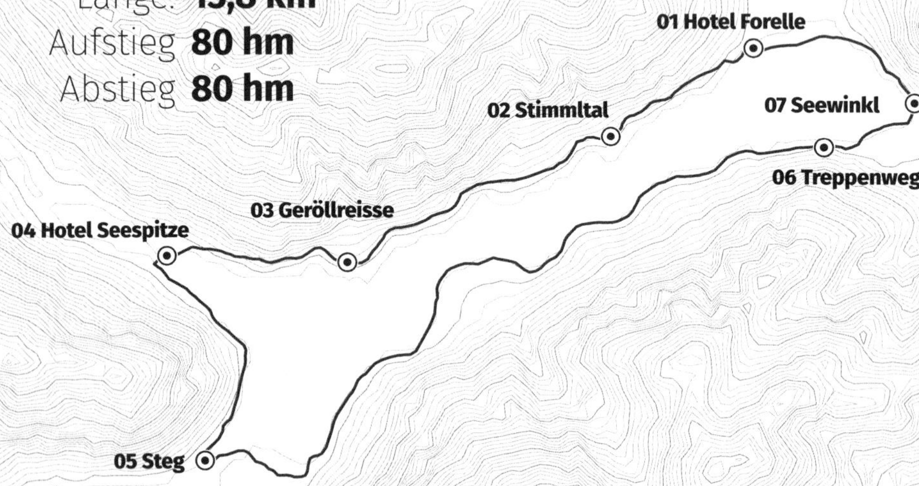

Höhenlinienmodell mit Streckenverlauf

Höhenprofil

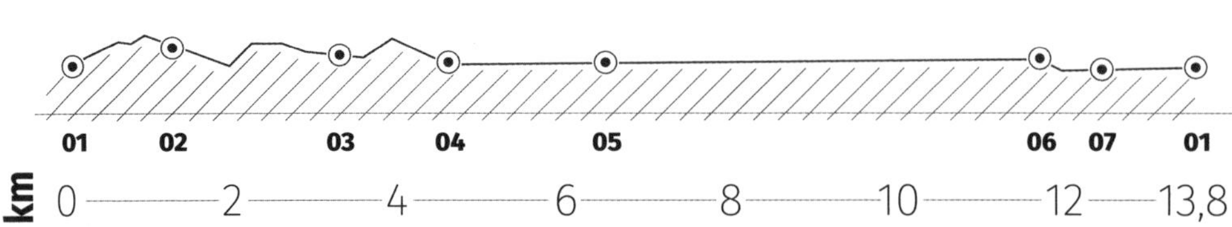

Ein verborgener Aussichtsplatz über dem zweitgrößten Tiroler See.

Ich habe noch nie so einen schönen See gesehen. Die Landschaft ist überwältigend. Wir wollten gar nicht mehr weg.

Begeisterung auf www.tripadvisor.at

Der Plansee, der zweitgrößte See Tirols, liegt in den Ammergauer Alpen östlich von Reutte im Außerfern. Er ist sechs Kilometer lang, bis zu 76,5 Meter tief und durch einen 300 Meter langen Kanal mit dem südwestlich benachbarten Heiterwanger See verbunden. Diesen Wasserweg nützen auch die Schiffe, die über beide Gewässer ziehen. Noch eindrucksvoller ist natürlich die beliebte Rundwanderung um den ganzen Plansee.

▶Vom Hotel Forelle **01** am Plansee gehen wir am Denkmal für König Maximilian II. von Bayern vorbei, der die Planseestraße eröffnete. Am Ortsrand zweigt nach rechts der beschilderte Plansee-Rundweg ab. Anfangs geht es gleich einmal ziemlich steil auf einem schmalen Wurzelweg am Hang entlang aufwärts. Beim Steg über ein Bächlein muss man rechts abzweigen und dem schmalen Wanderweg weiter folgen. Über der Straße und dem Seeufer führt unser Pfad ständig auf und ab, quert das wilde Stimmltal **02** und viele weitere Hangreissen.

Bei so einer breiten Geröllreisse **03** verzweigt sich der Weg. Wir halten uns rechts und bleiben am Hang, folgen ein paar Meter einem Holztransportweg, um ihn gleich wieder nach links zu verlassen. Nach dem höchsten Punkt der Rundwanderung fällt der Bergpfad rund 50 Höhenmeter relativ steil zur Planseestraße ab. An ihrem Rand zum Hotel Seespitze 04 (mit Biergarten) und etwa 100 m weiter vorne nach links zu einer Fußgängerbrücke abzweigen.

Auf ihr wird eine Seeenge überwunden, dann geht's auf einem Fahrweg links (nach Südosten) weiter. Bald verengt sich die Straße zu einem Wanderweg, der in mehrmaligem Auf und Ab am prächtigen Seeufer entlang bis zu einem Steg 05 über die Verbindung zwischen Plansee und Heiterwanger See führt. Wir gehen nach links über diesen Steg und gleich dahinter wieder links; 1¾ Stunden.

Dann folgen wir weiterhin dem Wegweiser des Plansee-Rundwegs. Ein Fahrweg bringt uns etwas abseits des Seeufers nach Osten weiter, kommt wieder zum See hinaus und folgt dem Ufersträßchen durch eine bezaubernde Landschaft. Der Fahrweg schnürt sich im weiteren Verlauf zu einem schmalen Pfad zusammen. Auf dieser Seeseite geht es – vor allem unter dem Lichtbrenntjoch – über wilde Geröllfelder. Anschließend geht es in weiter Strecke auf stellenweise grobem Wurzelweg bergauf und bergab, dann über einen Treppenweg 06 direkt ans Wasser und an der Fürchterlichhütte vorbei. Gleich darauf erreicht man den malerischen Rastplatz beim Seewinkl 07. Wer den Aussichtspunkt des Fotos sehen will steigt hier den Weg Nr. 243 einige Höhenmeter hinauf, um den ganzen See zu überblicken.

Dort schwenkt man nach links auf eine Schotterstraße ein, kommt auf eine Asphaltstraße und erreicht hinter dem Kiosk am Plansee und der Musteralm wieder das Hotel Forelle 01.

Weit im Westen zeigt sich der Thaneller (2341 m).

Dein Moment für die Ewigkeit

Bildaufteilung

Viele Kameras haben die Funktion, sich Hilfslinien auf dem Display anzeigen zu lassen. Die Idee dahinter ist, eine bewusste Bildaufteilung vorzunehmen. Klassisch wird das Bild gedrittelt. Bei diesem Foto wurde das horizontal als auch vertikal perfekt angewandt. Der Baum ist im 2/3 des Bildes von links und der Horizont im 1/3 des Bildes von oben.

11 Wellenblick

57,22 Hektar groß, bis zu 30 Meter tief und von bezaubernder Schönheit: Der Vilsalpsee ist das beliebteste Ausflugsziel im Tannheimer Tal. Sein wahres Wesen lässt sich jedoch nur viel weiter oben ergründen – etwa bei einer Rundtour über das Gaishorn.

Bilder von: **Alex Fuchs @fuxogram**

Auf das Gaishorn 2247 m

Tourencharakter
Anspruchsvolle Bergtour auf steilen Pfaden; am Gipfelmassiv auf der Nordseite ist Trittsicherheit nötig. Vorsicht bei Nässe!

Start und Ziel
Vilsalpsee im Tannheimer Tal, Fischerstube, 1168 m. Zufahrt von Reutte über Tannheim; gebührenpflichtiger Parkplatz am Vilsalpsee (Zufahrtsverbot von 10 bis 17 Uhr, alternativ fahren Busse und ein Bummelzug – oder man radelt zum See):

Schwierigkeit: **schwer**
Dauer: **6:00 h**
Länge: **10,7 km**
Aufstieg **1100 hm**
Abstieg **1100 hm**

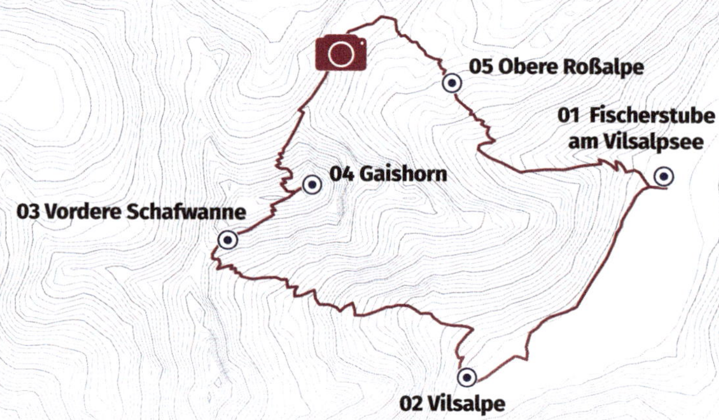

Höhenlinienmodell mit Streckenverlauf

Höhenprofil

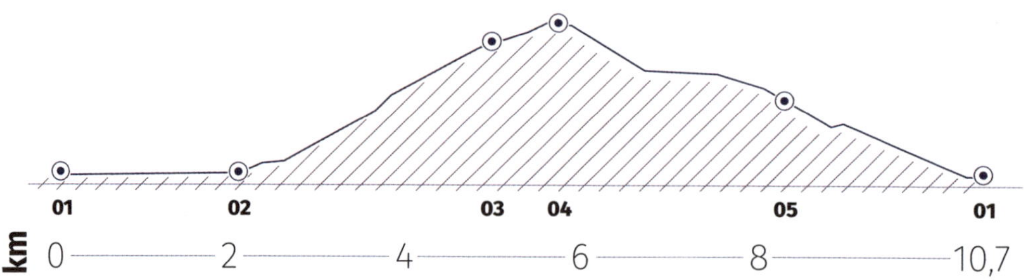

Nicht alle haben es so eilig auf den Gipfel.

Hoch, traumhaft, anstrengend, schweißtreibend, einzigartig und einfach wunderschön...

Florian Müller auf bergfex.at über das Gaishorn.

Dies ist eine fantastische Rundtour auf und um die schroffe Pyramide des Gaishorns, die in beide Richtungen begangen werden kann. Der Gipfel ist der höchste über dem Vilsalpsee, die Aussicht dementsprechend.

▶ Wir starten an der Fischerstube **01**, ignorieren aber die Beschilderung Richtung Gaishorn, da dies unser Rückweg sein wird. Am sonnigen Westufer entlang geht es eben und damit zügig voran zum Ende des Sees und zur Vilsalpe **02**. Direkt hinter der Alpe folgen wir anfangs einem Karrenweg, der jedoch bald in einen Steig übergeht. Wir queren einen Bach und marschieren teilweise über Wiesen oder entlang des Baches (dort ist es etwas rutschig). Mit gutem Höhengewinn erreichen wir unterhalb der Scharte zwischen Rauhhorn und Gaishorn den Sattel Vordere Schafwanne **03**.

Links ragt wild der Gipfel des Rauhhorns auf; unser Tagesziel präsentiert sich zumindest von unserer Seite aus einfacher. Wir wandern also nach Nordosten bis unterhalb des Gipfelkreuzes und erreichen den Gipfelgrat über einige steile Serpentinen. Nun noch wenige Meter dem Gipfelaufbau folgen, bis wir schließlich unser gut besuchtes Tagesziel, das Gaishorn **04** (2247 m) erreicht haben. Die Fernsicht ist grandios und reicht bis zum Tourengebiet der gegenüberliegenden Landsberger Hütte. Der Vilsalpsee liegt glitzernd direkt unter uns, ebenso wie der sehr

Vom höchsten Punkt erblickt man auch alte Bekannte: Schrecksee und Hochvogel.

beeindruckende mächtige Bergsturz von 2012 📷. Wir entscheiden uns für den etwas anspruchsvolleren Abstieg über die Nordseite – hier ist etwas Trittsicherheit notwendig.

Dazu müssen wir aber wieder zurück über den Kamm zur Wegverzweigung und wenden uns dort nun aber auf die andere Seite. Über Felsen und etwas unangenehmes Geröll leitet uns der Pfad abwärts, bis wir auf einen überraschend sanften Grasrücken kommen. Die steile Geröllflanke liegt somit hinter uns. Über den Grasrücken und zwischen Latschen wandern wir in leichtem Auf und Ab nordwärts. An einer Verzweigung werden wir Richtung Vilsalpsee talwärts geleitet. Ab der Oberen Roßalpe 05 geht es kontinuierlich mit neuer Beschilderung auf den Bach zu, den wir queren. Ein breiter Karrenweg führt direkt zur Fischerstube 01 im Tal. Ihre Terrasse lädt zum Verweilen ein!

Dein Moment für die Ewigkeit

Wie ein Gemälde

Ein wolkiger Tag mit Schatten und kräftigen Sonnenstrahlen, die sich durch die Wolkendecke kämpfen. Ein geradezu magischer Anblick, der auch in der Malerei gerne dargestellt wurde. Werden grüne Wiesen beschienen, eignen sie sich perfekt als Highlight im Bild.

12 Ötztaler Ouvertüre

Der Piburger See bildet ein besonders malerisches Entrée ins Reich der Tiroler Hochalpen. Die Habicher Wand und der Acherkogel, der nördlichste Dreitausender der Alpen zeigen, was hinten im Ötztal noch kommt.

Bilder von: **Roman Huber @romempix**

Zum Piburger See

Tourencharakter
Kurzweilige Tal- und Waldwanderung im vorderen Ötztal auf Forststraßen und Pfaden; auch für Kinder spannend, da an heißen Sommertagen die Abkühlung im See lockt.

Start und Ziel
Die Ortschaft Habichen, 850 m, etwa 1,5 km südlich von Oetz im vorderen Ötztal (Busverbindung von Ötztal-Bahnhof); Zufahrt von der Talstraße beim Hinweisschild „Habicher Hof" taleinwärts, nach etwa 230 m rechts zur Durchfahrt und dahinter links noch 170 m zum kleinen Parkplatz vor der gedeckten Holzbrücke.

Schwierigkeit: **leicht**
Dauer: **1:30 h**
Länge: **6,4 km**
Aufstieg **170 hm**
Abstieg **170 hm**

Höhenlinienmodell mit Streckenverlauf

Höhenprofil

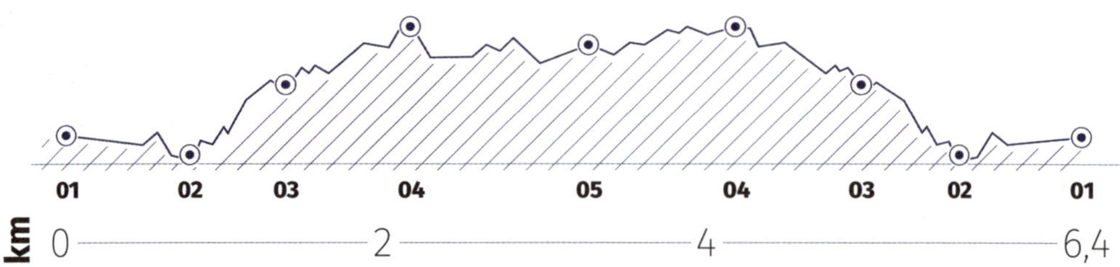

Zum 13,7 Quadratikilometer großen Piburger See, einem Wahrzeichen des vorderen Ötztals, führen viele Wege – vom Oetzer Ortsteil Piburg, vom sehenswerten Ort Oetz oder von Habichen. Egal für welche Route man sich entscheidet: Kaum jemand wird sich, am See angekommen, der Faszination dieses kleinen Gewässers auf einer Felssturzterrasse und eingerahmt von dunklen Wäldern entziehen können. Vor allem im Frühjahr und Herbst geht es hier geruhsam zu. An Badetagen ist es dagegen mit der Ruhe ziemlich vorbei. Der Piburger See ist einer der wärmsten Bergseen Tirols (er erreicht im Hochsommer Wassertemperaturen bis zu 24 °C) und dank seiner Nähe zu den umliegenden Siedlungen ein beliebtes Naherholungsziel. Hier wird der Zustieg über die Wellerbrücke vorgestellt. Diese über die Achstürze führende Brücke ist schon für sich selbst gesehen ein lohnendes Ziel, denn sie bietet einen schönen Blick auf die ungestümen Stromschnellen der Ötztaler Ache. Besonders eindrucksvoll ist das Naturschauspiel nach der Schneeschmelze oder nach lang anhaltenden Niederschlägen.

▶ Vom Parkplatz an der Holzbrücke **01** folgt man der Beschilderung zur Wellerbrücke. Durch Wiesen führt der Weg zum Wald, wo man auch schon die Ausläufer jenes Bergsturzgeländes erreicht, in dem auch der Piburger See entstanden ist. Zwischen bemoosten Felsbrocken führt der Pfad zur Wellerbrücke **02**.

Eine steile Treppe leitet zu ihr hinunter; je nach dem Wasserstand der Ötztaler Ache erlebt man in der Tiefe ein wildes Spektakel. Jenseits geht es über einen mit Geländer gesicherten Steg am steilen Fels weiter.

Spieglein, Spieglein … Wetterkreuzkogel, Acherkogel und Habicher Wand über dem Piburger See.

Die Herbststille lässt den sommerlichen Badebetrieb vergessen.

Dieser mündet in einen Waldpfad, auf diesem zu einer Weggabelung 03 und ab da auf einer Forststraße zum Piburger See. Nach insgesamt 30 Minuten ist das nette Gasthaus Seehäusl 04 (924 m) erreicht. Der Rundweg führt gemütlich um den See herum zu seinem Nordwestende 05 und weiter auf der Talseite zu der gebührenpflichtigen Badeanstalt. Er endet schließlich wieder am Gasthaus Seehäusl 04.

Zurück geht es auf gleichem Weg über die Wellerbrücke 02 zum Parkplatz 01 in Habichen.

Dein Moment für die Ewigkeit

Den Betrachter in das Bild ziehen

Mit den eigenen Beinen und den Wanderschuhen bekommt man als Betrachter den Eindruck, selbst vor dem See zu stehen. Weitere Möglichkeiten für diesen Effekt sind die Hände ins Spiel zu bringen. Mit einer Wanderkarte oder einem Trinkbecher in der Hand verstärkst du das Outdoor-Feeling noch weiter.

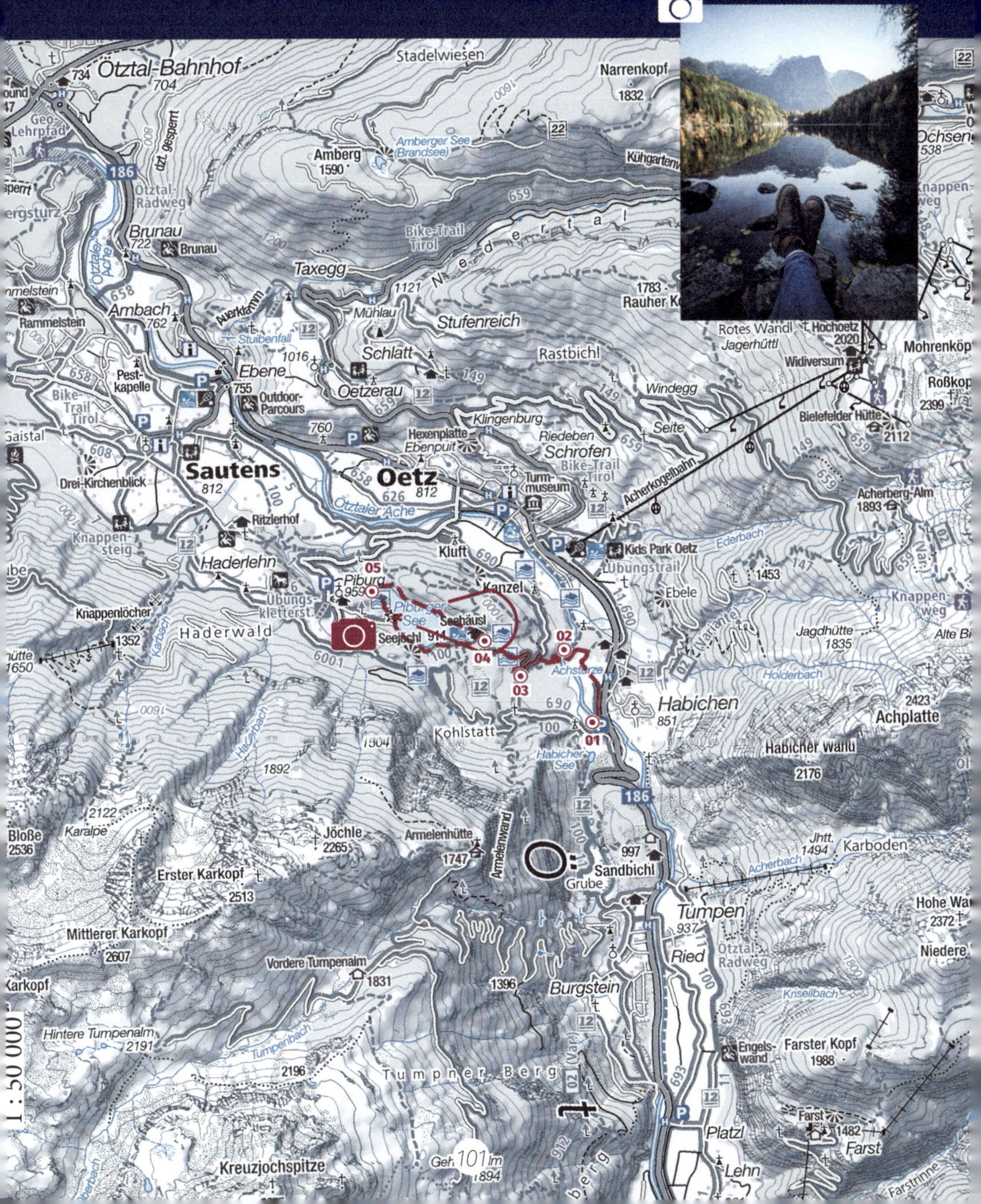

13 Naturwunder im Auf und Ab

Mit Macht zieht es das Wasser des Horlachbachs in die Tiefe, während seine Besucherinnen und Besucher mit ähnlicher Intensität nach oben streben: Der neue Brücken- und Treppenweg neben dem Stuibenfall machts möglich.

Bilder von: **Roman Huber @romempix**

Stuibenfall und Höfle

Tourencharakter
Spannende Wald- und Wasserfall-Wanderung auf Forststraßen und Pfaden; auf den Treppen und der Hängebrücke neben dem Stuibenfall ist Schwindelfreiheit natürlich von Vorteil.

Start und Ziel
Umhausen im mittleren Ötztal, gebührenpflichtiger Parkplatz Bischofsplatz nahe dem Ötzidorf, 1031 m; erreichbar von der Umfahrungsstraße durch die Ortsmitte, bei der Kirche über den Horlachbach und 500 m weiter.

Schwierigkeit: **leicht**
Dauer: **2:50 h**
Länge: **9,4 km**
Aufstieg **460 hm**
Abstieg **460 hm**

Höhenlinienmodell mit Streckenverlauf

Höhenprofil

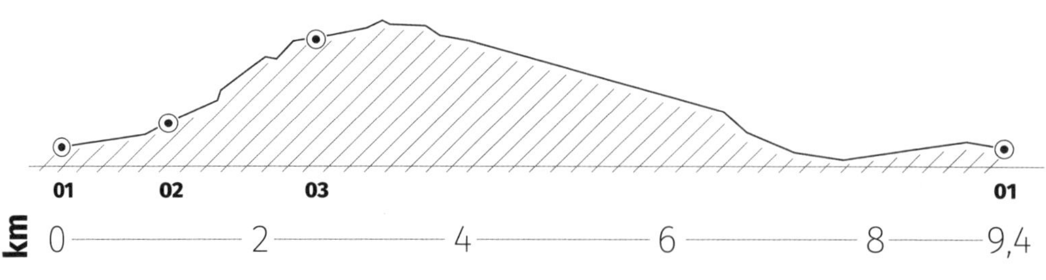

Oberhalb von Umhausen im mittleren Ötztal stürzt der Horlachbach über zwei Felsstufen in die Tiefe. Mit einer Gesamthöhe von 159 Metern ist dies der höchste Wassersturz von Tirol. Die Wolken aus feinstem Wasserstaub, die ihn oft umgeben, haben ihm auch zu seinem Namen verholfen: Stuibenfall. Der Wasserstaub erfreut aber auch die zahlreichen Besucher dieses Naturschauspiels mit seiner erfrischenden und gesundheitsfördernden Wirkung. Man kann sie mittlerweile auf einer eigenen „Ionenplattform“ genießen. Erreichbar ist sie auf einer aufwendigen Wegkonstruktion mit einer 80 Meter langen Hängebrücke und nicht weniger als 700 Stufen, auf denen man im Zickzack ganz nahe am stürzenden Wildwasser emporwandert. Weitere Aussichtsplattformen vermitteln hautnahe Eindrücke von den Urkräften der Natur, geben aber auch spannende Einblicke in die Entstehungsgeschichte der Kaskaden: Das Wasser musste sich nach einem Bergsturz am Ende der letzten Eiszeit vor 9800 Jahren einen neuen Weg suchen und schuf nebenbei zwei gut geformte Steinbrücken. Von dort sollte man sich den Abstecher nach Höfle, einem Weiler, der zu Niederthai gehört, nicht entgehen lassen; auch von dort ist der Blick herrlich!

Was für ein Hammer-Wasserfall!
Da kann nicht ein Schwarzwald-Wasserfall mithalten!

Michael (aus dem Schwarzwald) auf www.erkunde-die-welt.de über den Stuibenfall.

▸ Vom Parkplatz **01** geht's auf einem Sträßchen am Badesee und am Ötzi-Dorf vorbei ins bewaldete Tal des Horlachbachs, wo eine Holzbrücke links zur Jausenstation Stuböbele **02**, führt – dort sieht man das Wasser des unteren Falls meist schon stauben.

Der Weg zum Wasserfall bleibt dagegen auf der linken Talseite und erreicht einen Rastplatz unterhalb der ersten Stuibenfall-Plattform 📷. Vorbei an drei weiteren Aussichtspunkten geht's auf einem schmaleren, mit Stufen versehenen Waldweg in Kehren hinauf zur treppenartig konstruierten Hängebrücke, die einen Seitengraben (das einstige, heute trockene Haupttal) überspannt. Oberhalb davon beginnt die große, mit soliden Geländern abgesicherte Metalltreppe, auf der man im Zickzack neben dem oberen Wasserfall eine Steilstufe überwindet (links befinden sich weitere Aussichtsplattformen). Nach der Einmündung des Klettersteigs gelangen wir links zu einer Brücke über den Bach (Blick zur Naturbrücke); kurz danach lockt links ein letzter Abstecher zur obersten Plattform. Dann ist es nicht mehr weit bis zur Straße, auf der man rechts zum Gasthof Stuibenfall **03** (1480 m) im Tal von Niederthai kommt; 1¾ Stunden.

Empfehlenswert ist der Weiterweg in einer nach Norden ausholenden Schleife in den etwas oberhalb gelegenen Weiler Höfle (1570 m), der in herrlicher Aussichtslage zum Verweilen einlädt. Vom Gasthaus Stuibenfall **03** folgt man dem unteren, breiten Weg neben dem Horlachbach zurück. Nach 300 m bleiben wir geradeaus und wandern rechts durch stellenweise sehr steile Hänge (schöne Ausblicke) wieder ins Ötztal hinunter. Nach der Querung des Rainbachs biegen wir links ab und zweigen wenig später bei einer Kapelle nochmals links ab. So gelangen wir in den Umhausner Ortsteil Roßlach, aus dem wir links zum etwa 500 m entfernten Parkplatz **01** zurückgehen.

Variante: Der beschilderte Waalweg entlang eines historischen und reaktivierten Bewässerungskanals führt ebenfalls vom Parkplatz Bischofsplatz zum Stuibenfall; er zählt zu den wenigen noch erhaltenen Waalwegen in Österreich.

Direkt neben den Wasserfahnen „zickzackt" der neue Stuibenfallweg empor.

Dein Moment für die Ewigkeit

Den Blick lenken

Die Positionierung und der Verlauf des Wasserfalls vom vorderen Bildteil in die Ferne gehend leiten die Blicke des Betrachters. Der ganze Wasserfall ist auf dem Bild eingefangen und doch verleitet die Darstellung dazu, dem Wasser bergauf und bergab zu folgen anstatt den Blick auf das Gesamte zu lenken. Diese Blicklenkung geht zum Beispiel auch mit einem Weg, der vom Betrachter in die Ferne zieht.

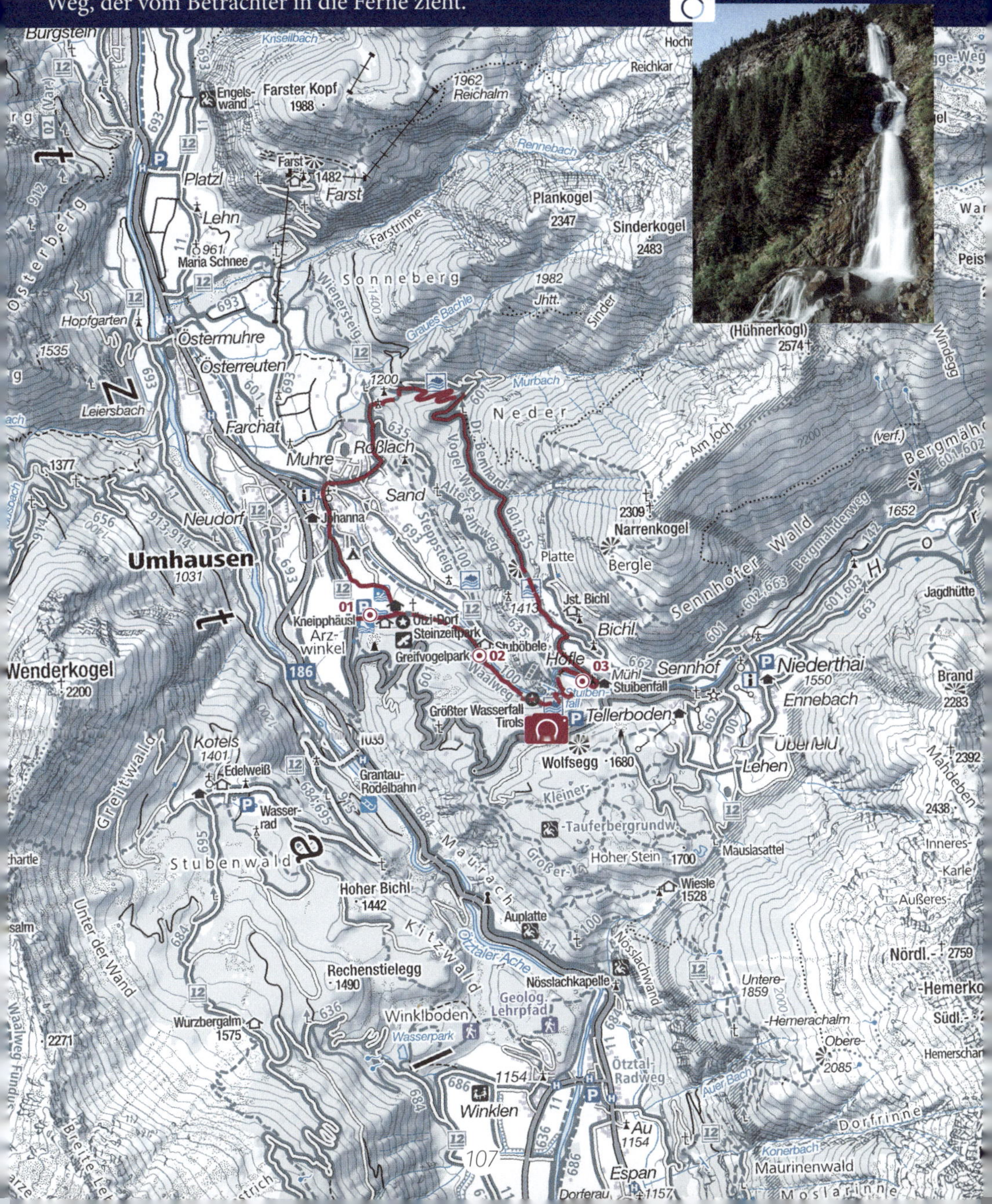

14 Malermalaise

Das erste Panorama der Ötztaler Alpen, das Charles Brizzi anno 1868 auf der Kreuzspitze skizzierte, war seinem Auftraggeber, dem Venter Kuraten Franz Senn, viel zu ungenau. Den Namen des Münchner Kunstmalers trägt der kleine See neben dem Gipfelaufstieg trotzdem bis heute.

Bilder von: **Roman Huber @romempix**

Zum Samoarsee (Brizzisee) 2920 m

Tourencharakter
Landschaftlich sehr eindrucksvolle Tal-, Hütten- und Hochgebirgswanderung auf breiten Wegen und guten Pfaden.

Start und Ziel
Vent im hinteren Ötztal, 1902 m, Bushaltestelle, Wanderparkplatz bei der Sesselliftstation.

Schwierigkeit: **schwer**
Dauer: **6:30 h**
Länge: **18,7 km**
Aufstieg **1070 hm**
Abstieg **1070 hm**

Höhenlinienmodell mit Streckenverlauf

Höhenprofil

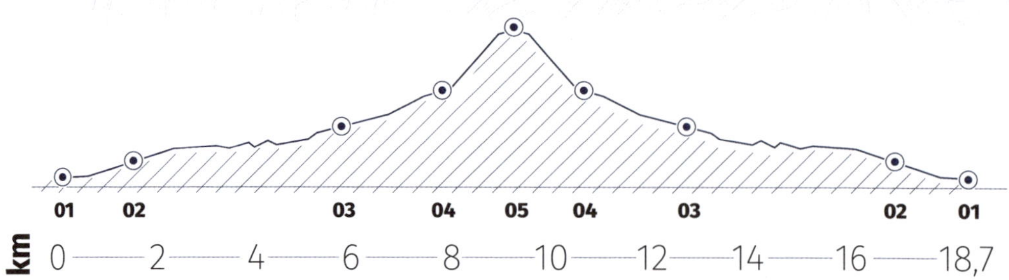

Über die Martin-Busch-Hütte schweift der Blick zur Mutmalspitze.

Sie kennen ja die prachtvolle Ansicht der vielen großen Gletscher, die sich um letztere im Halbkreis lagern und der majestätischen Gebirge, die um sie stehen – ein Bild, gewiß fast einzig in den Alpen ...

Franz Senn in einem Brief an Johann Stüdl über die Kreuzspitze (1868).

Der Weg vom Ötztaler Bergsteigerdorf Vent zur Martin-Busch-Hütte (Neue Samoarhütte) führt durch ein eindrückliches Hochgebirgstal mit historischen Zeugnissen und einem deutlichen Hinweis auf den Klimawandel: Ein Stück des Hütten-Fahrwegs, auf dem man früher auch mit dem Mountainbike hinauffahren konnte, muss wegen eines Bergsturzes mit zusätzlichen Höhenmetern im Talgrund umgangen werden. Die 3455 Meter hohe Kreuzspitze westlich über dem Schutzhaus gilt als zwar „Wanderdreitausender", fordert aber gute Kondition, absolute Trittsicherheit und Schwindelfreiheit. Kürzer und einfacher ist der Zugang bis zum Brizzi- oder Samoarsee, neben dem die Ruine jener Hütte steht, die der Venter Kurat Senn als sommerliches Malerdomizil für Charles Brizzi herrichten ließ. Senn wollte mit dem bei ihm bestellten Faltpanorama Gäste ins damals noch bettelarme Tal locken. Der Künstler stellte die Bergwelt allerdings etwas zu fantasievoll dar. Das Ergebnis: Streit, ein zweites Panorama von anderen Kunstschaffenden und ein bankrotter „Gletscherpfarrer", dessen visionäres Wirken erst sehr viel später gewürdigt wurde.

▶ Vom Parkplatz **01** neben der Sessellift-Station wandern wir taleinwärts, am

Der Mond geht hinter der Mutmalspitze und den Marzellspitzen auf.

Hotel Alt Vent vorbei und über den Niedertalbach. Der Fahrweg Richtung Martin-Busch-Hütte steigt links über eine Spitzkehre neben dem Ochsenkopflift (auch Abkürzungsweg) ins lang gezogene Niedertal an. Bald passieren wir eine Skulptur des Projekts „Kunstweg", dann marschieren wir weiter zur Abzweigung zum markanten „Hohlen Stein" 02, einem steinzeitlichen Jäger-Rastplatz (kurzer Abstecher). Im stetigen Anstieg geht's weiter taleinwärts, bis wir nach einer Kapelle – etwa auf halber Strecke zur Hütte – links zum Bach hinunter abzweigen. Nach dem Wiederaufstieg zum Fahrweg erreichen wir die Schäferhütte 03 (2230 m). Es folgt ein sanft ansteigendes Wegstück, bevor es noch einmal steiler wird. Der Fahrweg führt schließlich zur Martin-Busch-Hütte 04 (auch Samoarhütte genannt, 2501 m); 2½ Stunden.

Kurz davor finden wir den Wegweiser zur Kreuzspitze, der uns nach Westen emporleitet, vorbei an einer verfallenen Steinhütte. In Kehren geht's auf einen breiten Rücken (ca. 2880 m), hinter dem sich eine Lacke befindet. Nach einem kurzen Anstieg stehen wir dann auf der kleinen Hochfläche mit den verfallenen Mauern der einstigen Brizzihütte. Dort verlassen wir den Gipfelpfad nach links und wandern auf Pfadspuren (Steinmännchen beachten!) ca. 300 m über eine Kuppe zum Brizzisee 05 (Samoarsee, 2920 m); 1¼ Stunden.

Der Abstieg erfolgt auf derselben Route; gut 45 Minuten bis zur Hütte und 2 Stunden weiter bis Vent.

Variante: Vom Brizzisee führt ein anspruchsvollerer Pfad in eine weite Mulde hinauf und durch Schutthalden zum Gipfelaufbau der Kreuzspitze (3455 m). Über ihren Ostrücken erklimmt man den höchsten Punkt mit seinem großen Gipfelkreuz, bei dem man an schönen Tagen ein weites Panorama genießt (u. a. zur Hinteren Schwärze und zum Similaun, zur Wildspitze und zur Bergumrahmung der Vernagthütte). Ca. 1¼ Stunden. Aufstieg, gut 1½ Stunden. Abstieg zur Martin-Busch-Hütte.

Dein Moment für die Ewigkeit

Spiegelung

Für die perfekte Spiegelung brauchst du ein ruhiges Gewässer, einen möglichst tiefen Standpunkt und Distanz zu dem was gespiegelt werden soll. Für eine Spiegelung eignet es sich das Bild zu halbieren, setze also die Spiegelung genau in der Mitte an. Spiegelungen sind ein beliebtes Stilmittel, versuche noch ein Highlight in das Bild zu platzieren.

15 Zoom am Soom

Die Wanderung zur „Gurgler Seenplatte“ gilt als die Panoramatour im Herzen der Ötztaler Alpen. Im Soomsee spiegeln sich wilde Dreitausender wie der Hangerer, das Eiskögele und die drei Seelenkogel – gut, wer das richtige Objektiv dabei hat.

Bilder von: **Fabian Künzel @fabian_kuenzel**

Die Gurgler Seenplatte

Tourencharakter
Gut markierte Wanderwege in eine einsame Berglandschaft mit schönem Blick auf die andere Talseite.

Start und Ziel
Bushaltestelle bei der Kirche in Obergurgl, 1907 m.

Schwierigkeit: **mittel**
Dauer: **5:15 h**
Länge: **12,9 km**
Aufstieg **910 hm**
Abstieg **910 hm**

Höhenlinienmodell mit Streckenverlauf

Höhenprofil

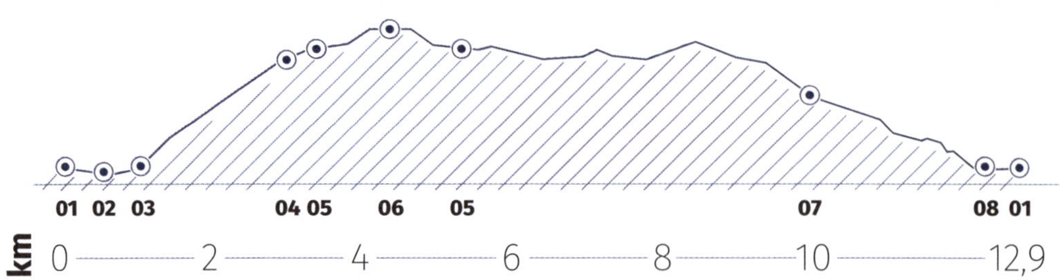

Im Blickpunkt!

Nur in einem ruhigen Teich spiegelt sich das Licht der Sterne.

Chinesisches Sprichwort

Die Wanderung führt in die unerschlossene Bergwelt auf der Westseite des Gurgler Tals zu ein paar aussichtsreich gelegenen Bergseen unterhalb des Grieskogels und des Zirmkogels. Ziel ist der Itlsee, man könnte aber auch noch in knapp 1 Stunde hinauf zur Gurgler Scharte (2932 m) wandern und einen Blick auf die Wildspitze werfen.

▶ Von der Bushaltestelle **01** am Kirchplatz in Obergurgl folgen wir der Beschilderung zur Seenplatte und wandern über den Seenplattenweg hinunter zur Ache, überqueren diese auf einer Brücke **02** und steigen am anderen Ufer wieder leicht empor, bis linker Hand beim Wegweiser **03** der Wanderweg 38 zur Seenplatte abzweigt.

Zunächst zieht der Pfad über die mit Wacholder, Alpenrosen und Heidekraut bestandenen Hänge nach Nordwesten hinauf, dann in mehreren kleineren Kehren fast schon in der Falllinie hinauf zu einem weiteren Wegweiser **04**.

Wir befinden uns nun auf einer deutlich flacheren Hochterrasse, einer sogenannten Trogschulter, wie sie typisch für ein glazial geprägtes Trogtal wie das Gurgler Tal ist. Unweit der Weggabelung steht eine Stele des Archäologischen Rundwanderwegs, nach rechts zweigt der Wanderweg zur Lenzenalm und dem Nedersee ab. Wir folgen nun in deutlich flacherem Gelände Weg 39 zum Soomsee **05** (2555 m), dem

Tibet? Nein, eine Art Grastundra hoch über Obergurgl vor der Gletscherkulisse der Seelenkogeln.

am tiefsten gelegenen See der Gurgler Seenplatte, und genießen den herrlichen Blick talaus- und taleinwärts und zur gegenüberliegenden Talseite. Je nach Jahreszeit ist der See gefüllt oder nur noch eine kümmerliche Lacke; 2 Stunden.

Weiterhin auf Weg 39 steuern wir nun über Wiesenböden und zwischen Blockwerk hindurch den höchstgelegenen und größten der Seen an, den Itlsee **06**. Ein Blickfang ist das an seinem Ufer wachsende Wollgras. Den Rastplatz auf einem der großen flachen Felsen teilt man sich möglicherweise mit dem einen oder anderen neugierigen Schaf. Zurück am schönen Soomsee **05** wenden wir uns nach rechts, verlassen das Loobkar und wandern noch lange auf besagter Trogschulter in leichtem Auf und Ab taleinwärts auf die Gletscher zu. Eindrucksvoll ist der weite Blick hinein ins Rotmoostal, auf die steilen Wände der Schlucht und den geschützten Zirbenwald. Am Weg liegt eine weitere von insgesamt sechs Stelen des Archäologischen Rundwanderwegs zum Thema Einfriedung (Hage). Nach etwa einer Stunde ist das Lehnerkar erreicht, nun fällt der Weg steil zum Ramolweg ab, quert mehrere Bergbäche und führt schließlich in Serpentinen hinunter zu den Schafweiden der Küppelealm, wo wir auf den Ramolweg **07** treffen.

Diesem folgen wir nun talwärts zum schönen Aussichtspunkt „Am Beil" und steigen über die felsige Geländestufe hinunter zur Achbrücke **08**. Der Ramolweg leitet zurück ins Dorf zur Kirche und der Bushaltestelle **01**.

Dein Moment für die Ewigkeit

In Szene setzen

Einem Schnappschuss steht ein genau konzipiertes Foto gegenüber. Die meisten Fotos, die uns aus Magazinen oder online begeistern, sind genau geplant. Dazu gehört es auch, sich mit seinen Models abzusprechen und sie in Szene zu setzen.

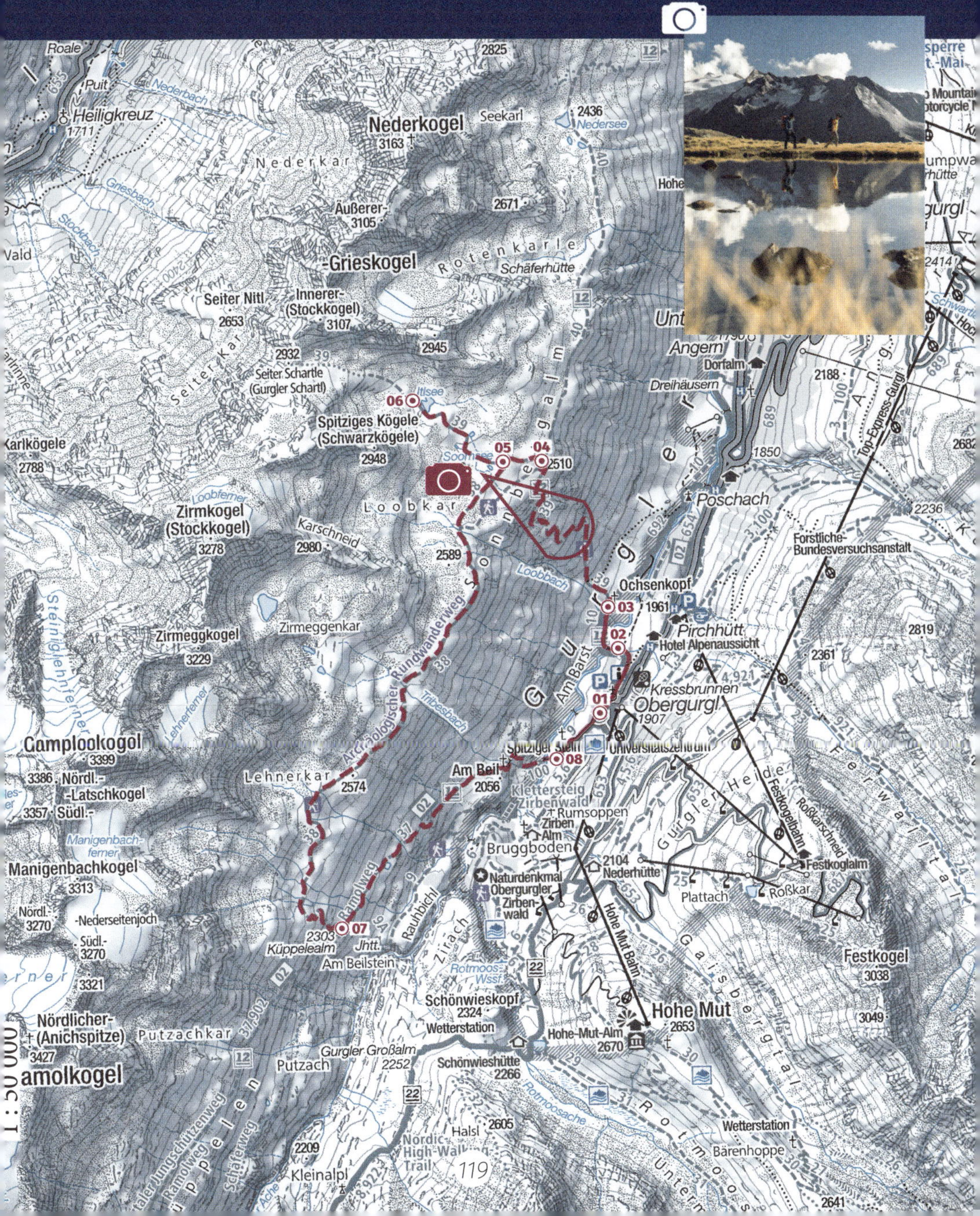

16 Nur der Mond schaut zu

Wenn das Abendlicht schwindet, werden im Ramolhaus die Teller abgeräumt, Tourenpläne geschmiedet und tollkühne Geschichten erzählt. Schade eigentlich, denn draußen, im Schein des Erdtrabenten, gäbe es Unglaubliches zu sehen.

Bilder von: **Roman Huber @romempix**

Zum Ramolhaus 3006 m

Tourencharakter
Anstrengender Aufstieg über den gut ausgebauten und markierten Ramolweg, im Schlussanstieg steiler und felsiger.

Start und Ziel
Bushaltestelle bei der Kirche in Obergurgl, 1907 m.

Schwierigkeit: **mittel**
Dauer: **6:45 h**
Länge: **14,7 km**
Aufstieg **1100 hm**
Abstieg **1100 hm**

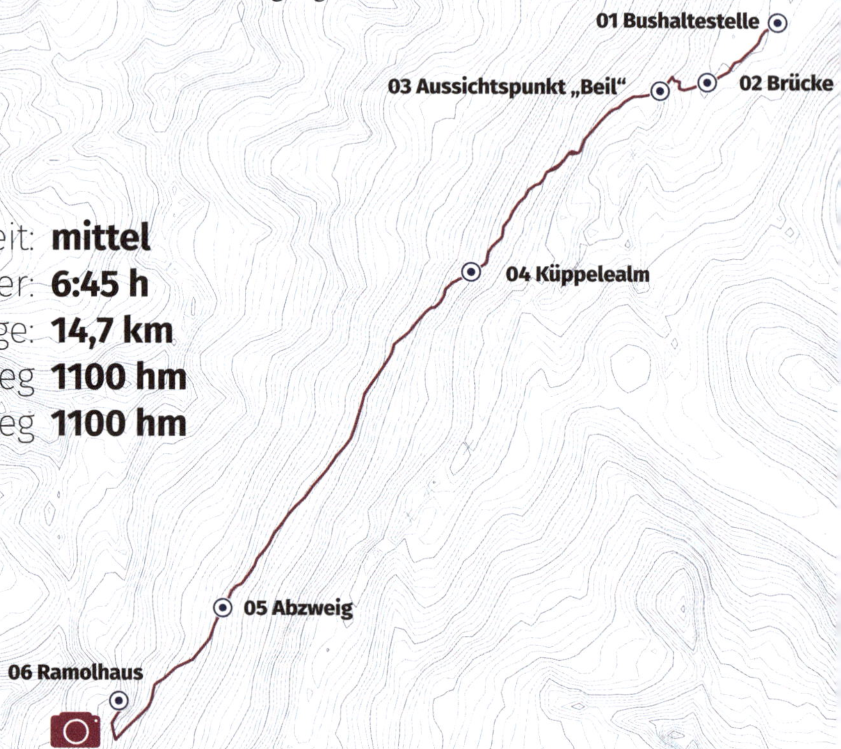

Höhenlinienmodell mit Streckenverlauf

Höhenprofil

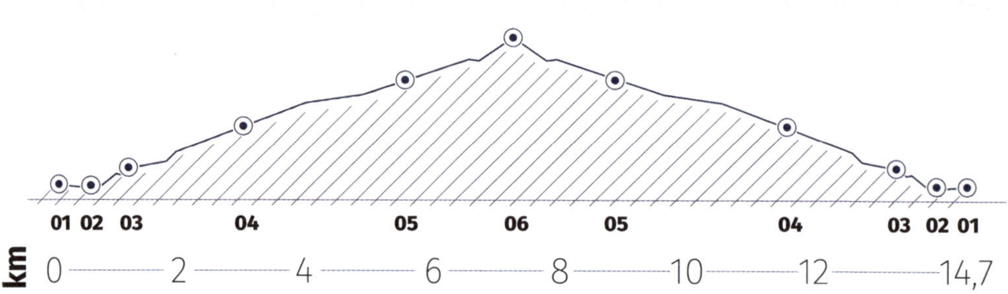

Was für ein Ausguck! Das Ramolhaus über dem Gurgler Ferner, links davon die Hochwilde.

Auf den steilen Bergspitzen bleibt der Schnee und das Eis selten liegen, oder „loeset sich bey der mindesten Veraenderung des Wetters bald davon ab, stuerzet in die Thaeler hinunter, und haufet sich alldort so ungemein, daß das Fernereis oft 60, 70 oder mehr Klafter hoch uebereinander liegt".

Joseph Walcher, „Nachrichten von den Eisbergen in Tyrol" (Wien, 1773).

Das Ramolhaus zählt mit seiner exponierten Lage oberhalb des Gurgler Ferners zu den spektakulärsten Schutzhütten der Ostalpen. Die 1881 erbaute Hütte der Sektion Hamburg wird heute in vierter Generation von der Familie Scheiber bewirtschaftet. Der Aufstieg ist zugegebenermaßen anstrengend, aber ein lohnendes Tagespensum. Von der Hüttenterrasse blickt man auf sage und schreibe 22 Gletscher. Noch schöner ist es allerdings oben zu übernachten und einen traumhaften Sonnenaufgang zu erleben.

▶ Von der Bushaltestelle **01** folgt man der Beschilderung und lässt sich über den Ramolweg hinunter zur Brücke **02** über die Gurgler Ache leiten. Nun in einigen Kehren steiler eine Geländestufe hinauf zum Aussichtspunkt „Am Beil" **03** mit herrlichem Blick auf Obergurgl. Über die steilen Wiesen an weidenden Schafen und Haflingern und dem ein oder anderen neugierigen Murmeltier vorbei wandern wir – immer gleichmäßig ansteigend und den einen oder anderen Gletscherbach querend – hinauf zur aufgelassenen Schäferhütte der Küppelealm **04**. Von hier genießt man einen tollen Blick ins Rotmoostal und zu den in der Sonne gleißenden Fernern. Hinter den Herrenbächen ist auch erstmals die Hütte zu sehen.

Der Gurgler Ferner unter der Falschungg- und der Karlesspitze.

Mit Blick auf die Nordostflanke des Schalfkogels, die imposanten Gipfel von Seelenkogel, Eiskögele und Hochwilde führt der Bergweg immer weiter geradeaus ins Tal hinein und die Südosthänge des Ramolkogels querend zu einem ersten Abzweig **05** zur Piccard-Hängebrücke und den Nachbarhütten Langtalereckhütte und Hochwildehaus. Mit Blick auf die hoch oben thronende Hütte zieht der Weg anschließend in einem Rechtsbogen zunächst an der Hütte vorbei. Nun deutlich steiler geht es in Kehren zum Ramolhaus **06** (3006 m) hinauf ; 4 Stunden.

Zurück geht's auf dem Hinweg in 2¾ Stunden.

Variante: Sehr reizvoll ist der Abstieg nach Vent, der zunächst Richtung Ramolkogel und Norden führt und vor dem Ramolferner nach Westen abbiegt. Über einen seilversicherten Steig klettert man etwas ausgesetzt durch Felsgelände hinauf zum Ramoljoch (3189 m), das imposant zwischen Ramolkogel und Hinteren Spiegelkogel liegt. Nun geht es rechts vom Spiegelferner durch Geröllhänge abwärts zur Ramoalm (2215 m) und weiter hinunter nach Vent (1895 m). Insgesamt sollte man für diesen abwechslungsreichen Weg etwa 4 Stunden veranschlagen. Mit dem Bus kann man anschließend via Zwieselstein zurück nach Obergurgl fahren.

Dein Moment für die Ewigkeit

Farbton

Damit der blau-violette Farbton der Dämmerung erhalten bleibt ist der richtige Weißabgleich wichtig. In den meisten Situationen leistet der automatische Weißabgleich sehr gute Dienste. In schwierigen Lichtsituationen kann das daneben gehen. Deshalb solltest du immer im RAW Format fotografieren. So kannst du später bei der Bildbearbeitung noch den richten Weißabgleich setzen.

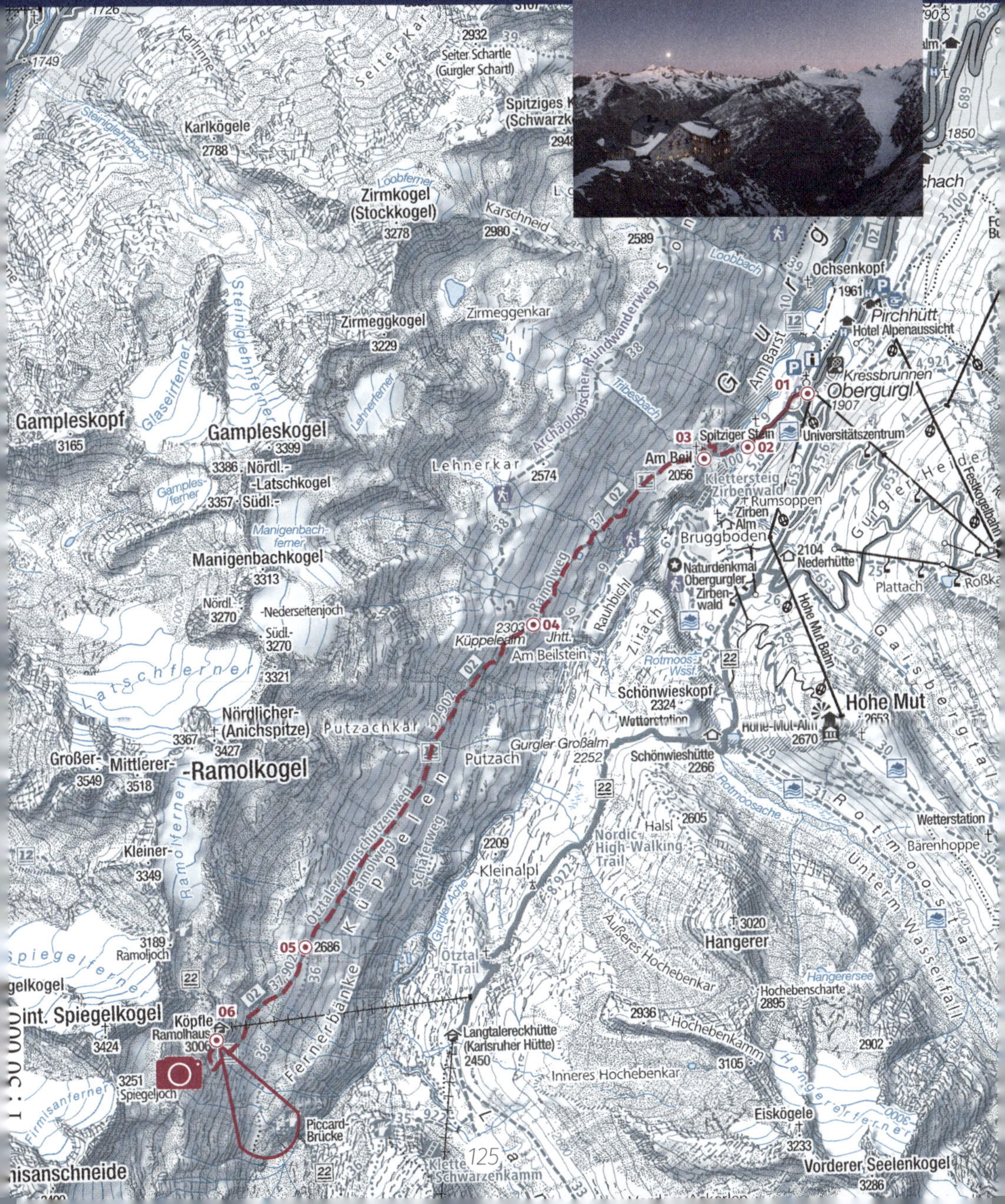

17 Bewahrtes Wahrzeichen

In den Kalkkögeln im Südwesten von Innsbruck wurde Alpingeschichte geschrieben. 2015 retteten sie Naturschützer vor Seilbahn-Begehrlichkeiten – so blieb auch der Blick von Salfains zu den „Nordtiroler Dolomiten“ – „unvergondelt“.

Bilder von: **Fabian Künzel @fabian_kuenzel**

Auf Salfains 2000 m

Tourencharakter
Sehr schöne Almwanderung auf einem Fahrweg und einem gut markierten Pfad, der auch wanderfreudigen Kindern gefallen wird.

Start und Ziel
Parkplatz beim „Kalk“ (Kaserl), einem Wiesenboden im Senderstal unterhalb der Kemater Alm, 1463 m. Zufahrt von Grinzens bei Axams ca. 4 km auf einer mautpflichtigen Schotterstraße (Automat, Münzen mitnehmen).

Schwierigkeit: **leicht**
Dauer: **2:30 h**
Länge: **5,4 km**
Aufstieg **560 hm**
Abstieg **560 hm**

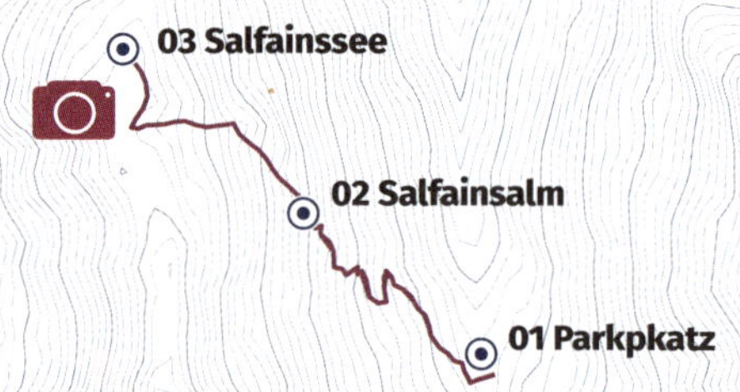

Höhenlinienmodell mit Streckenverlauf

Höhenprofil

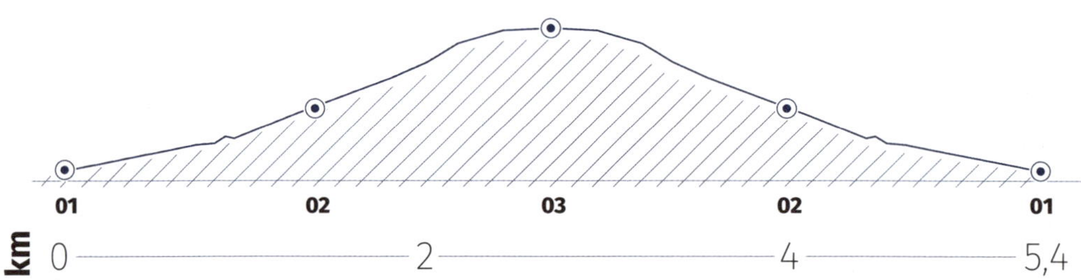

Die Kalkkögel erinnern wirklich sehr an die Dolomiten.

Ein kleiner Almhügel westlich über dem Senderstal ist der wahrscheinlich bekannteste Foto-Standpunkt im Bereich der Kalkkögel: Salfains bietet tatsächlich einen Prachtblick auf die gesamte Gipfelkette mit all ihren bizarren Türmen. Das Spiegelbild im kleinen See am Schönangerl lässt nicht nur Fotografen-Herzen höher schlagen, wenngleich manche Besucher ein bisschen enttäuscht sind, dass das Ufer recht schlammig ist. Dafür bietet sich die eine oder andere Kuh, die hier „herummatscht", als Bild-Vordergrund an. Und es gibt es ganz in der Nähe noch zwei weitere Aussichtspunkte, die man besuchen sollte.

▶Vom Parkpkatz **01** gehen wir, dem Wegweiser „Salfainsalm, Salfains" folgend, auf der Brücke über den Sendersbach (Gatter) und folgen der Forststraße bergauf. Nach der ersten Linkskurve beginnt ein Abkürzungspfad, auf dem wir durch Wiesen und Wald – den Fahrweg querend – bis zur Salfainsalm **02** (1738 m) hinaufwandern. Mit jedem Schritt wird der Rückblick zu den Kalkkögeln schöner; in der Tiefe sieht man auch die Kemater Alm.

Vorbei an einem Kreuz führt der Pfad auf einen Wiesenboden mit einem weiteren Holzkreuz (schöner Blick nach Innsbruck und ins Inntal). Dort wenden wir uns nach links (Schild „Salfains"). Vorbei an einer Quelle, zwischen Zirben und durch eine Grasmulde gelangen wir auf das kleine Almplateau des Schönangerls mit dem Salfainssee **03** 📷. Der Grashügel oberhalb davon (2000 m) trägt ein Vermessungszeichen. Dort genießen wir bei klarer Sicht das Kalkkögel-Panorama von Ost nach West: Ampferstein (2556 m), Marchreisenspitze (2620 m), Malgrubenspitze (2571 m), Hochtennspitze (2549 m), Schlicker Zinnen (2578 m), Steingrubenkogel (2633 m), Kleine und Große Ochsenwand (2700 m), Riepenwand (2774 m), Schlicker Seespitze (2804 m), daneben noch der dunkle Gamskogel (2659 m); 1½ Stunden. Es lohnt sich, dem markierten Weg noch 5 Minuten auf den Rücken über dem Salfainssee zu folgen – dort sieht man neben einem verwitterten Baum bis zur Zugspitze, ins Fotscher Tal und ins Sellraintal hinunter). 15 Minuten nördlich davon erhebt sich der etwas niedrigere Fiegl, der Hausberg von Grinzens. Die Schützenkompanie des Ortes hat dort ein Gipfelkreuz zum Gedenken an die Gefallenen der beiden Weltkriege errichtet.

Der Rückweg erfolgt auf derselben Route in ca. 1 Stunde.

Das Senderstal, gesehen von der Salfainsalm, dahinter die Kemater Alm unter den Kalkkögeln.

Dein Moment für die Ewigkeit

Weitwinkel

Die Vorteile eines Weitwinkelobjektives liegen auf der Hand: Man bekommt viel auf ein Bild. Genauer gesagt decken sie einen großen Winkel ab. Das bringt aber auch Herausforderungen mit sich. Da der Bildausschnitt sehr groß ist, solltest du besonders auf den Bildaufbau und die Motivwahl achten, damit das Foto nicht überladen wirkt.

18 Innsbruck-Fakes

Goetheweg? Der Dichterfürst war nie auf dem südlichsten Kamm des Karwendelgebirges, den die Innsbrucker „Nordkette“ nennen. Und einen See sucht man in der Seegrube auch vergebens. Wahr ist allerdings: Eine Großstadt-und-Gebirgs-Aussicht wie vom Hafelekar findet man sonst nirgends.

Bilder von: Fabian Künzel @fabian_kuenzel

Entlang der Innsbrucker Nordkette

Tourencharakter
Abwechslungsreiche Panoramatour, die zum Großteil auf schmalen, felsigen Pfaden verläuft. Neben einigen mit Stahlseilen gesicherten Passagen gibt es auch Stellen, bei denen man Hand an den Fels anlegen muss.

Start und Ziel
Innsbruck, Talstation der Nordkettenbahn im Stadtteil Hungerburg nördlich über dem Stadtzentrum, 1067 m, erreichbar per Bus (Linie J ab Bahnhof) oder vom Congress mit der Hungerburgbahn. Auffahrt mit der Seilbahn zur Station Seegrube und weiter zur Bergstaion Hafelekar, 2269 m (https://nordkette.com).

Schwierigkeit: **mittel**
Dauer: **5:00 h**
Länge: **10,4 km**
Aufstieg **270 hm**
Abstieg **270 hm**

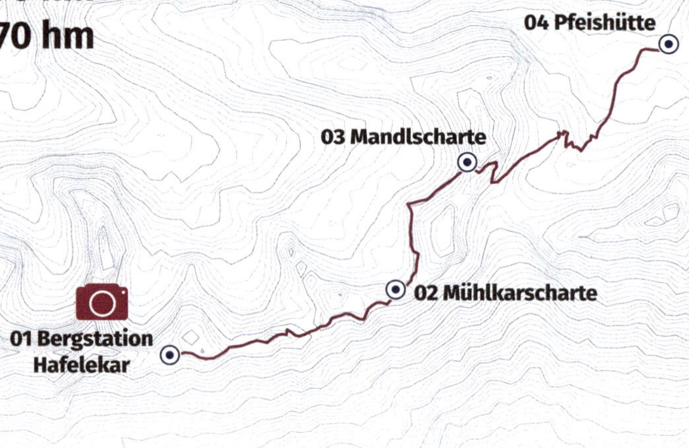

Höhenlinienmodell mit Streckenverlauf

Höhenprofil

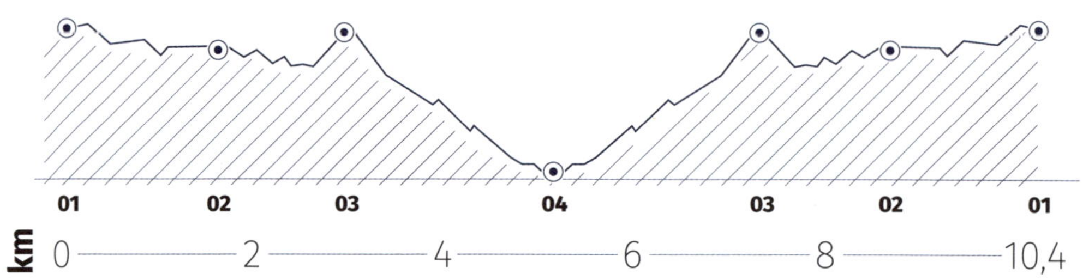

Der Berg in der Stadt.

Schlagzeile aus nordkette.com

Die Innsbrucker Nordkette wird nicht zu Unrecht als ein Juwel der Alpen beworben. Direkt über der Tiroler Landeshauptstadt erheben sich bis zu 2637 Meter hohe Kalkberge, die sich zwischen dem Solstein und der Lattenspitze zu einem imposanten Kamm aneinanderreihen. Dort findet man vom einfachen Waldweg bis zum Klettersteig und von gemütlichen Almhütten bis zur Sonnenterrasse der Seilbahnstation Seegrube alles, was Wander- und Bergsteigerherzen erfreut. Ein „Klassiker“ in diesem urban-alpinen Angebot bildet der kühn angelegte Goetheweg, der knapp unterhalb der Gratschneide verläuft und somit ein Wahnsinnspanorama über die Stadt bis zu den Stubaier Alpen verspricht.

Von der Bergstation Hafelekar **01**, die für ganz Ambitionierte natürlich auch zu Fuß erreichbar wäre, genießen wir erst einmal den großartigen Ausblick auf Innsbruck. Gleich dahinter zweigt links der Innsbrucker Klettersteig ab, der über mehrere Gipfel nach Westen zur Frau Hitt, einem sagenumwobenen Felsturm, führt (auf seinem ersten Abschnitt entstand das Foto auf den Seiten 132/133).

Unglaublich – diese Felswildnis liegt im Stadtgebiet.

Der viel einfachere, aber dennoch recht luftige Goetheweg zieht dagegen nach rechts, nach Osten. Er durchquert die steilen und schroffen Hänge unterhalb der 2334 m hohen Hafelekarspitze. Angepasste Hochgebirgsspezialisten wie der Felsen-Ehrenpreis oder der Dunkle Mauerpfeffer säumen vor allem im Juni und Juli den Steig, der Blaugrüne und Fetthennen-Steinbrech oder das Alpen-Leinkraut sind auch noch im September zu sehen. Auch Zeugen einer lang zurückliegenden Vergangenheit, die beweisen, dass wir gerade auf ehemaligem Meeresgrund wandern, können bewundert werden. So beispielsweise die Strukturen der Stromatholithen und bei viel Glück vielleicht sogar einen Muschelabdruck. Wir folgen dem Goetheweg übers grüne Gleirschjöchl bis zur V-förmigen Mühlkarscharte **02** (2243 m), die einen Blick auf die nördlich aufragenden Gebirgsketten des Karwendels zulässt, und wechseln dort auf die Nordseite der Nordkette. Mit etwas Glück lassen sich in diesem Gebiet Gämsen erspähen.

Der Goetheweg führt nun fast eben über felsiges Gelände und durch Schutthalden zum sogenannten Zugspitzblick. Im Osten zeigen sich gewaltige Gesteinsschichtungen und die Schotterreissen – typische Merkmale des Kalkgesteins. Nun führt uns der Weg an den Hängen der Mandlspitze zur Mandlscharte **03** (2277 m) hinüber. Dort angekommen sind wir im Revier des Mauerläufers, einem der schönsten Vögel Europas. Auch der Blick nach Osten lohnt sich, denn vor uns erhebt sich die imposante Rumer Spitze, über deren Gipfel oftmals der Steinadler kreisend mit der Thermik spielt.

In Kehren steigen wir nun ab und folgen dabei den Markierungen (eher links halten). Vorsicht Steinschlag! Immer mehr gehen Stein und Fels in einen schönen Latschenbereich über und es gesellen sich die Bewimperte und Rostrote Almrose, Steinröschen, Heidelbeere, Silberwurz sowie der Frühlings-Enzian hinzu. Schließlich geht es, vorbei an zwei Gedenkstätten, weiter zur traditionsreichen Pfeishütte **04** (1950 m), wo wir uns auf der schönen Sonnenterrasse eine ordentliche Pause verdient haben. Und wer noch nicht genug hat: Direkt neben der Hütte ist ein kleiner Schaukasten mit verschiedenen Gesteinen des Karwendels; 2½ Stunden.

Der Rückweg dauert ebenfalls etwa 2½ Stunden und erfolgt auf der Zugangsroute; die letzte Bahn fährt um 17 Uhr zu Tal.

Alternative Abstiegsrouten:

1. Über das Kreuzjöchl, die Vintlalm und Rumer Alm zur Talstation der Nordkettenbahn (4 Stunden).
2. Durch das lange Gleirschtal nach Scharnitz (5 Stunden).
3. Über das Stempeljoch ins Halltal und nach Hall (4½ Stunden).

Der raue Wettersteinkalk sorgt für skurrile Steinformationen.

Dein Moment für die Ewigkeit

Üben, üben, üben

Auch am Berg herrscht Zeitdruck für das perfekte Bild. Die Sonne geht nur einmal am Tag unter. Verpasst du es genau in dem Moment alle Einstellungen richtig gemacht zu haben, ist auch dein Wunschbild weg. Deine Kamera und dein Equipment spielerisch zu beherrschen hilft dir, wenn es dann darauf ankommt. Deshalb heißt es auch schon vor deiner nächsten Tour: Üben, üben, üben.

19 Das Weiß wird weichen

Über der Blauen Lacke ist der Wilde Freiger inmitten der Stubaier Alpen zu sehen. Doch die Stille des Bergsees täuscht über den rasanten Gletscherrückgang hinweg. Der Anblick ist eine schwindende Rarität.

Bilder von: **Roman Huber @romempix**

Auf die Mairspitze 2775 m

Tourencharakter
Hochalpine Bergtour auf gut markierten Pfaden durch stellenweise steiles Felsgelände; nur bei guten Verhältnissen gehen!

Start und Ziel
Parkplatz für Besucher der Sulzenauhütte (1590 m, von der Grawaalm noch 400 m taleinwärts), Bushaltestelle Sulzenauhütte.

Schwierigkeit: **schwer**
Dauer: **7:45 h**
Länge: **15,3 km**
Aufstieg **1250 hm**
Abstieg **1410 hm**

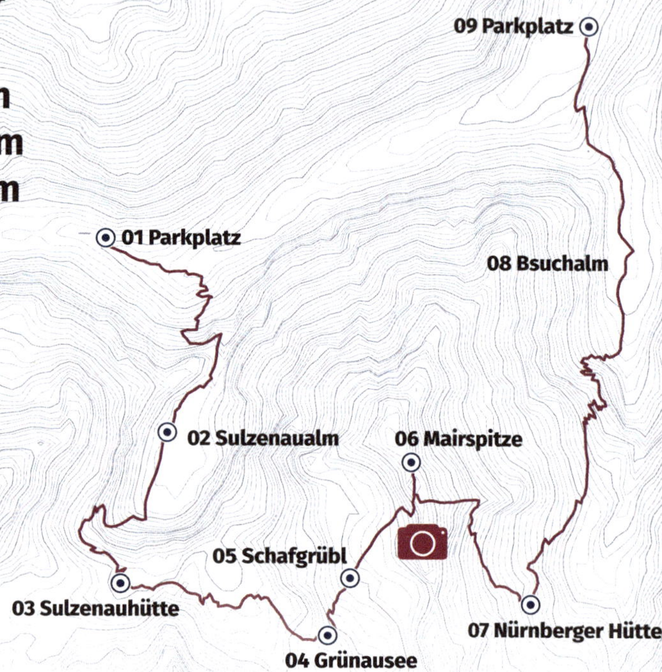

Höhenlinienmodell mit Streckenverlauf

Höhenprofil

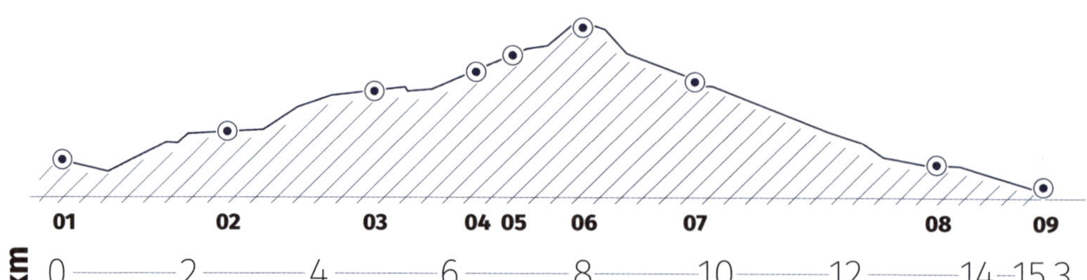

Der Wilde-Freiger-Ferner schmilzt dahin – der 3418 m hohe Wilde Freiger bleibt aber noch länger erhalten.

Ein Gipfelkreuz steht zwar auf dem Vorgipfel – doch der höchste Punkt der Mairspitze bleibt den meisten Besuchern verwehrt. Dorthin gelangt man nur über einen Felsgrat, der absolute Schwindelfreiheit erfordert. Das Panorama ist aber schon vom leichter erreichbaren Vorgipfel großartig, denn es inkludiert nicht nur den gegenüber aufragenden Wilden Freiger, sondern auch den Aperen Freiger, den Wilden Pfaff samt dem Zuckerhütl, das Unterbergtal bis hinaus zu den Kalkkögeln und als Draufgabe im Südosten die Feuersteine – ganz zu schweigen von den zehn Seen im Schafgrübl, von denen einige neben dem Aufstiegsweg liegen. Der Zugang dorthin ist abenteuerlich und schön. Er folgt zunächst dem WildeWasserWeg hinauf in die „Kinderstube“ des Sulzenaubachs. Oberhalb des beeindruckenden Grawa-Wasserfalls betritt man dann einen der eindrucksvollsten Talkessel der Alpen. Zwei hohe Wasserfälle beleben diese Szenerie. Über den einen stürzt das Schmelzwasser vom Wilden-Freiger-Ferner, über den anderen die „Gletschermilch“ aus dem Sulzenauferner. Dieser Kaskade nähert sich die Themenroute auf Wasserstaubfühlung, bevor sie wieder auf den direkten Weg zur Sulzenauhütte trifft. Von diesem vielbesuchten und gerade erst ausgebauten Bergsteigerstützpunkt sieht man schon ein wenig vom Gletschereis, aus dem das viele Wasser stammt.

▶ Vom Parkplatz **01** gehen wir auf einer Brücke über die Ruetz zum Talweg, dem wir einige Schritte rechts (taleinwärts) folgen. Dann zweigen wir links auf den beschilderten Weg zur Sulzenauhütte (Nr. 136) ab, wandern in einigen Kehren durch den Waldhang hinauf und steigen schräg zum Sulzegg an. Interessanter ist es jedoch, auf dem Talweg links in 10 Minuten zum Grawa-Wasserfall hinabzugehen. Kurz davor zweigt rechts der beschilderte WildeWasserWeg ab, der sich durch den steilen Waldhang neben dem Wasserfall bergauf schlängelt. Nach 10 Minuten lädt die untere Aussichtsplattform neben dem Wasserfall zum Verweilen ein, nach weiteren 10 Minuten gelangt man links zur oberen Plattform, die einen „Wasserblick" direkt an der Oberkante der Kaskade bietet. Weiter geht's durch den stellenweise moorigen Wald hinauf zum Hüttenweg, auf dem wir links weiterwandern. Hinter der Felskuppe

Der Grawa-Wasserfall ist mehr breit als hoch und sehr gesund.

Dein Moment für die Ewigkeit

Fotografieren in der Dämmerung

Die Sonne ist schon untergegangen und du hast immer weniger Licht zu Verfügung. Damit deine Bilder immer noch scharf und nicht verwackelt sind, hast du mehrere Stellschrauben: ISO erhöhen, Blende öffnen oder Belichtungszeit erhöhen und ein Stativ verwenden. Es liegt an dir, den perfekten Mix daraus zu wählen.

Die Moräne des längst zurückgeschmolzenen Gletschers hat den Grünausee erst vor etwa 200 Jahren aufgestaut.

am Sulzegg (Bergstation der Materialseilbahn) gelangen wir durch eine kleine Engstelle in den überraschend großen Talkessel der Sulzenaualm 02 (1857 m); 1¼ Stunden.

Von dort führt der Pfad Nr. 136 über den Talboden nach rechts zu den Hängen unter der bereits sichtbaren Sulzenauhütte. Davor zweigen wir links ab (Wegweiser des WildeWasserWeges) und wandern zum Wasserfall des Sulzenaubachs. Weiter oben kommen wir in einem Rechtsbogen zum ursprünglichen Hüttenweg zurück. Auf diesem geht's links hinauf zum oberen Karboden, auf dem die stattliche Sulzenauhütte 03 (2191 m) steht; 1 Stunde.

Dahinter schwenken wir links auf den Pfad Nr. 102 (Teilstück des Zentralalpen-Weitwanderweges 02) ein und folgen dem Wegweiser „Nürnberger Hütte". Über den Sulz-aubach und die Anhöhe des „Übergs-chritt" kommen wir zu den Böden unter dem Moränengelände des weit zurückgeschmolzenen Wilden-Freiger-Ferners. Bei der Abzweigung der „Leo-Schöpf-Route" auf den Wilden Freiger geht's links weiter, über den Bach und auf den Kamm der Seitenmoräne (ein abgerutschtes Wegstück wird umgangen). Dahinter glitzert der Grünausee 04 (2328 m, kurzer Abstecher).

Der Weg Richtung Nürnberger Hütte (Nr. 102/02) führt jedoch links weiter, über einen grasigen Rücken und zu einer weiteren Gabelung, von der wir links ins Schafgrübl 05 emporwandern. In diesem weiten Gras- und Schuttkar am Fuß der Mairspitze verbergen sich nicht weniger als sieben kleine Seen – die meisten davon abseits des Weges.

Nach dem höchstgelegenen Wasserspiegel wird das Gelände steiler und steiniger. In Kehren erklimmen wir eine abschüssige Felsrippe (Sicherungen). Bei der Abzweigung unter dem Grat wenden wir uns nach links. Kurz darauf erreichen wir das Holzkreuz mit einer Bank auf dem felsigen Vorgipfel der Mairspitze 06 (2775 m); 2½ Stunden.

Wer nicht auf derselben Route über die Sulzenauhütte absteigen möchte (etwa 3½ Stunden), wandert nun durch felsiges und steiniges Gelände nach Osten in etwa 1 Stunde zur Nürnberger Hütte 07 (2278 m) hinunter. Von dort führt ein viel begangener Pfad hinab zur Bsuchalm 08 (1580 m) und weiter ins Stubaital hinaus. Nach weiteren 2 Stunden erreichen wir dort einen Parkplatz 09 (1369 m) und die Haltestelle, von der wir mit dem Bus zum Ausgangspunkt zurückfahren.

Hier muss man mal auf der Plattform in den Liegen gesessen haben, den Wassermassen lauschen und die Luft einatmen. Das Aerosol ist gut für die Atemwege und es ist einfach auch erfrischend und entspannend.

Charis über den Grawa-Wasserfall auf tripadvisor.at

20 Der Hochaltar Tirols

Tibet hat den Kailash, Japan den Fuji und Tirol die Serles. Der weithin sichtbare, 2717 Meter hohe Felsdreikant zwischen dem Stubai- und dem Wipptal wird mit allerlei Übersinnlichem in Verbindung gebracht. Wer an so einem Tag oben steht, glaubt's gleich.

Bilder von: **Fabian Künzel @fabian_kuenzel**

Auf die Serles 2717 m

Tourencharakter
Anspruchsvolle Bergtour, bis Maria Waldrast auf einer Forststraße, dann auf einem stellenweise schmalen und im Gipfelbereich ausgesetzten Pfad (Leiter, kurze gesicherte Stelle).

Start und Ziel
Mieders (953 m), Talstation der Serlesbahnen; Bushaltestelle und großer Parkplatz.Auffahrt mit der Gondelbahn zur Bergstation Koppeneck (1600 m). Wer auf der Mautstraße von Matrei nach Maria Waldrast hinauffährt, spart ca. 11/2 Stunden Gehzeit.

Schwierigkeit: **schwer**
Dauer: **7:00 h**
Länge: **14,3 km**
Aufstieg **1150 hm**
Abstieg **1150 hm**

Höhenlinienmodell mit Streckenverlauf

Höhenprofil

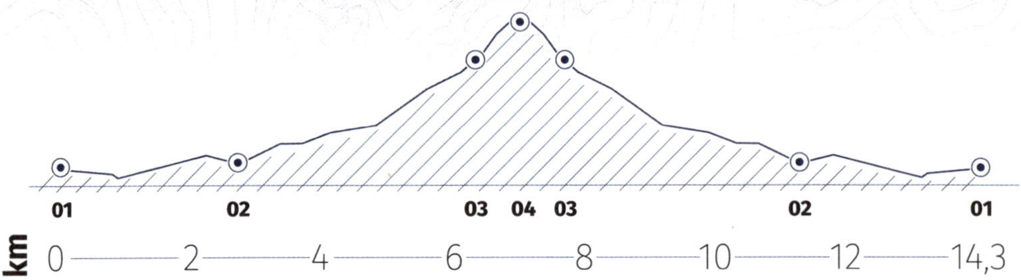

Sagenhafter Serles-Südwestblick über die Kesselspitze zum Habicht.

Den Namen Serles verdankt der Berg „König Serles", um den sich eine alte Stubaier Sage rankt.

Aus www.stubai.at

Als ebenmäßige „Dreifaltigkeit" aus scharfen Kalkzacken prägt die Serles die südliche Gebirgssilhouette von Innsbruck und die Bergumrahmung des vorderen Stubaitals. Daher wurde der Dolomitgipfel auch in den Reigen der Stubaier Seven Summits aufgenommen. Sein Name geht vermutlich auf den romanischen Begriff serrula (Weidezaun) bzw. auf das lateinische Wort serra (Säge) zurück. Um 1400 nannte man die Grenze zwischen Mieders und Matrei „auf Sörls". Dieser Name „wanderte" dann auf den Gipfel und verdrängte die alte Bezeichnung „Sunnstain" (Sonnenstein) auf einen nördlichen Vorgipfel. Jedenfalls bietet die Serles eine großartige Rundsicht, die bei klarem Wetter von den Kalkkögeln und den Stubaier Gletschergipfeln über die Dolomiten, die Zillertaler Alpen und das Karwendelgebirge bis zu den Allgäuer Alpen reicht. Der oberste Bereich der Aufstiegsroute ist jedoch recht abschüssig. Sie beginnt in Maria Waldrast, das von Matrei im Wipptal auf einer 5 km langen Mautstraße erreichbar ist. Aus dem Stubaital kann man die Serles auch über Wildeben erklimmen, was aber Kondition für gut 1700 Höhenmeter voraussetzt. Viel bequemer geht's mit der Hochserles-Gondelbahn, die den Zusatz-Fußmarsch erheblich reduziert.

▶ Von der Bergstation der Serlesbahn **01** auf dem Koppeneck wandern wir zum nahen Restaurant und – dem Wegweiser „Ser-

Nur Wolken? Links hinten ist auch der Patscherkofel zu sehen.

les“ folgend – auf dem breiten Wanderweg oberhalb des Speichersees durch den Waldhang zur Forststraße hinab. Dort biegen wir scharf nach rechts ab und gehen zum Kapellenweg. Auf diesem links Richtung „Maria Waldrast“ zu einem bewaldeten Sattel (1689 m) mit einem kleinen Biotop hinauf. Geradeaus hinab zur bald sichtbaren Wallfahrtskirche Maria Waldrast **02** (1638 m); 1 Stunde.

Auf den Gipfel: Beim Brunnen vor der Wallfahrtskirche beginnt der Pfad Nr. 121 zur Serles. Er zieht am Fuße des mächtigen Berges in den Wald hinauf und führt dann sanft ansteigend durch den mit Latschen bewachsenen Südosthang. Dabei werden einige Schuttrinnen überquert. So erreichen wir die freie Serlesgrube, wo sich der Pfad nach rechts wendet und wieder stärker emporzieht. Nach einigen Kehren stehen wir im Serlesjöchl **03** (2384 m) direkt unter der Roten Wand (schöner Blick ins Stubaital).

Dort nach rechts zur kurzen Leiter, auf der Sie eine kleine Felswand überwinden. Es folgt eine mit Stahlseilen gesicherte Passage, dann schlängelt sich der Pfad in Serpentinen über den lang gezogenen, aber breiter werdenden und mit Schutt bedeckten Südwestrücken empor. Zuletzt über einen etwas ausgesetzten Felsabsatz zum großen Gipfelkreuz der Serles **04** (2717 m); 3 Stunden.

Abstieg auf derselben Route; ca. 3 Stunden

Dein Moment für die Ewigkeit

Blauer See

Ein Sonnenaufgang in den Bergen ist ein wahres Feuerwerk an unterschiedlichen Licht- und Farbstimmungen. Das Foto zeigt perfekt, wie die Bergkette schon von der Sonne direkt beschienen wird und einen warmen Licht-Ton wiedergibt. Gleichzeitig wirkt die Wolkendecke wie ein Blauer See, da sie erst das Licht des blauen Himmels reflektiert.

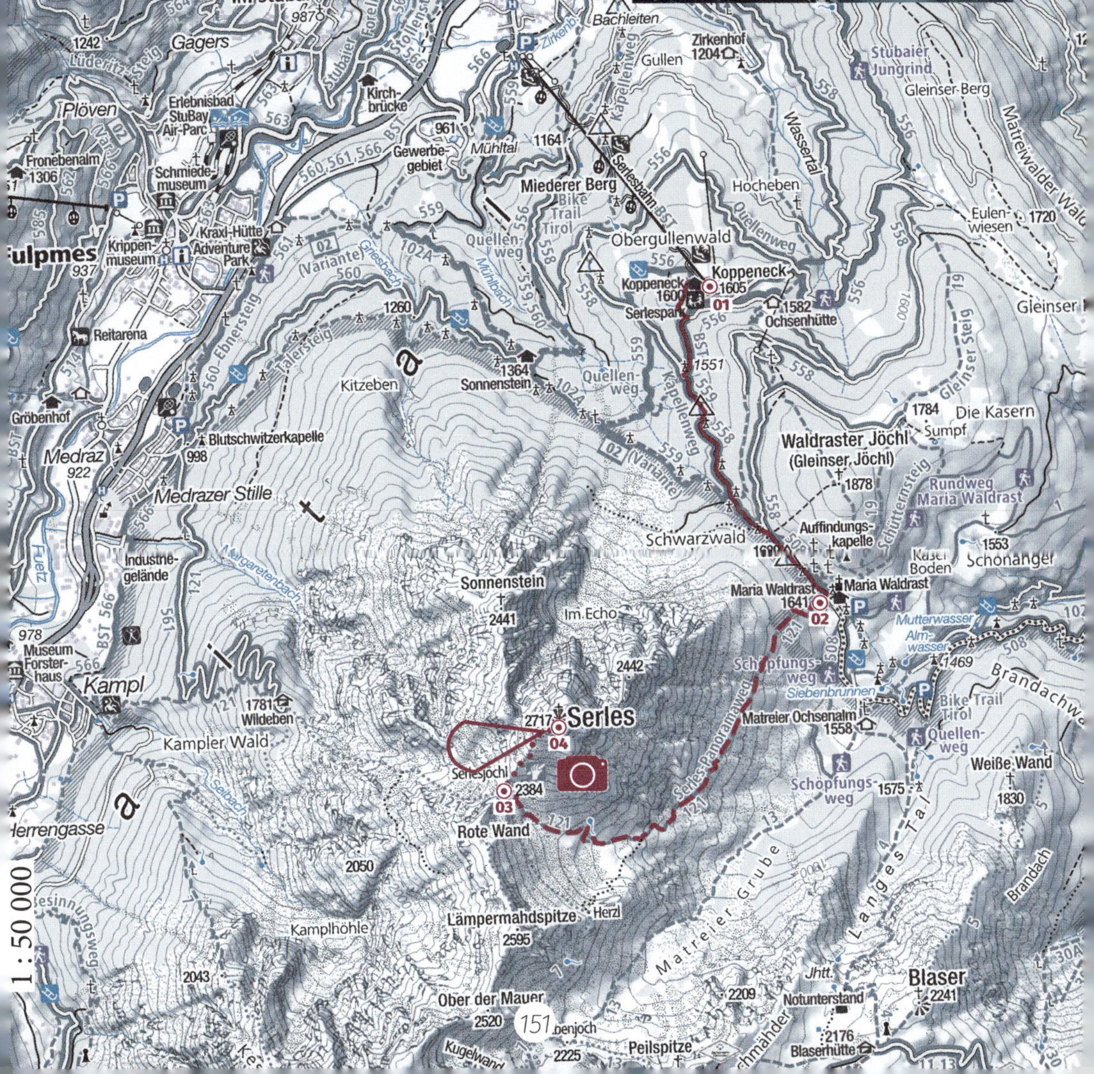

21 Schwankender Spiegel

Im Herbst verliert der Obernberger See im Westen des Brennerpasses viel Wasser, verdoppelt aber die Farbenpracht der Lärchen. Während die im Frühling frisch ergrünen, füllt sich der See wieder – und manchmal läuft er sogar über.

Bilder von: **Thomas Kargl @maxlsbilderbuch**

Zum Obernberger See 1594 m

Tourencharakter
Einfache Wald- und Almwanderung auf Forststraßen und gut markierten Pfaden.

Start und Ziel
Gebührenpflichtiger Parkplatz beim Gasthof Waldesruh, 1439 m, im hinteren Obernbergtal westlich des Brennerpasses, Zufahrt von Gries am Brenner (auch Bus) oder von der Autobahnabfahrt Nößlach über Obernberg.

Schwierigkeit: **leicht**
Dauer: **2:45 h**
Länge: **6 km**
Aufstieg **260 hm**
Abstieg **260 hm**

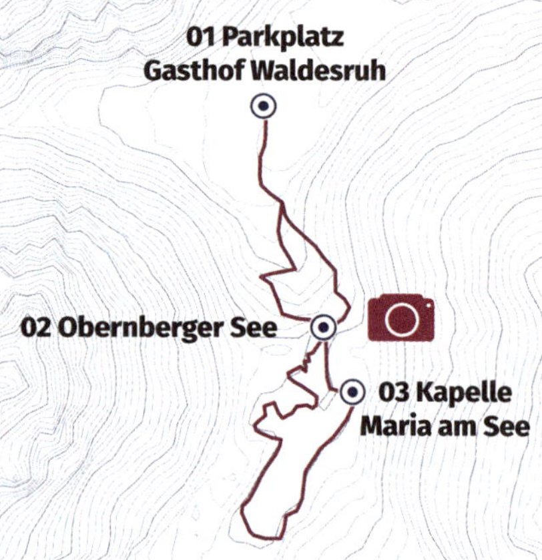

Höhenlinienmodell mit Streckenverlauf

Höhenprofil

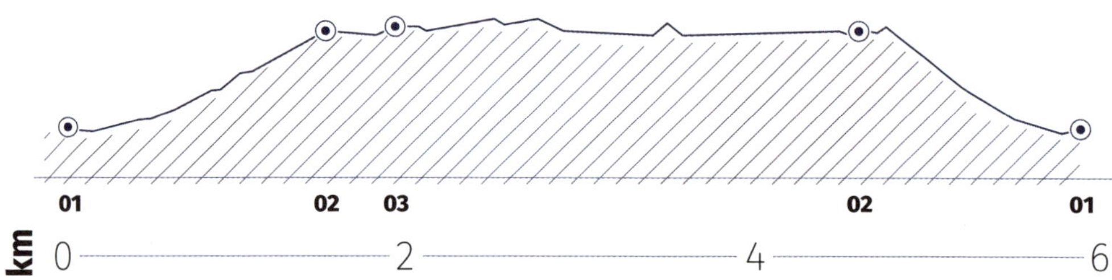

Diese Brücke ist nur im Frühjahr und im Sommer sinnvoll.

Hier scheint die Zeit noch stillgestanden zu haben – ein Paradies vor unserer Haustüre!

Ernst Aigner auf www.almenrausch.at

Der Obernberger See gehört zu den schönsten Naturwundern Tirols. Sein tiefblaues Wasser schimmert am Fuß des mächtigen Obernberger Tribulauns im Osten der Stubaier Alpen, der sich über dem Grund des zauberhaften Obernberger Tals aufbäumt.

▶ Vom Parkplatz Gasthof Waldesruh **01** wandern wir auf dem Fahrweg nach Süden in den Wald und auf einer Brücke über den (oft trockenen) Hinterennsbach. Dieser vereinigt sich ganz in der Nähe mit dem Quell- und dem Seebach zum Obernberger Bach. Jenseits zweigen wir bei der Unterreinsalm links auf den Weg zur Oberreinsalm ab. Dieser führt über Almwiesen recht steil hinauf zum Obernberger See **02** (1594 m, derzeit kein Gastbetrieb); 45 Minuten. Das Foto ist vom ersten Teil des Sees 📷.

Nun folgt man dem Fahrweg auf der linken Seite des Sees, vorbei an der Kapelle Maria am See **03**, bis zur Abzweigung zur Steineralm. Dort hält man sich rechts und geht das Seeufer entlang durch einen Fichtenblockwald zu zwei Jagdhütten. Ein kleiner Steig, der rechts abgeht, führt wieder zurück zum See und immer direkt am Ufer entlang zum einstigen Gasthof Obernberger See.

Für den Rückweg nimmt man am besten den Fahrweg, der in einigen Kehren zurück zum Parkplatz **01** beim spätestens jetzt sehr einladenden Gasthof Waldesruh führt.

Über dem Wasser zeigen sich die sanftesten Höhen der Stubaier Alpen.

Dein Moment für die Ewigkeit

Check die Gegebenheiten

Du hast ein Foto von einem Ort gesehen und jetzt dein Traumbild vor Augen? Dann check vorab die Lage. So wie in der Einleitung beschrieben zeigt sich der Obernberger See im Jahresverlauf in den unterschiedlichsten Varianten. Das gleiche gilt für das Wetter und Naturphänomene, die nur zu einer bestimmten Zeit auftreten.

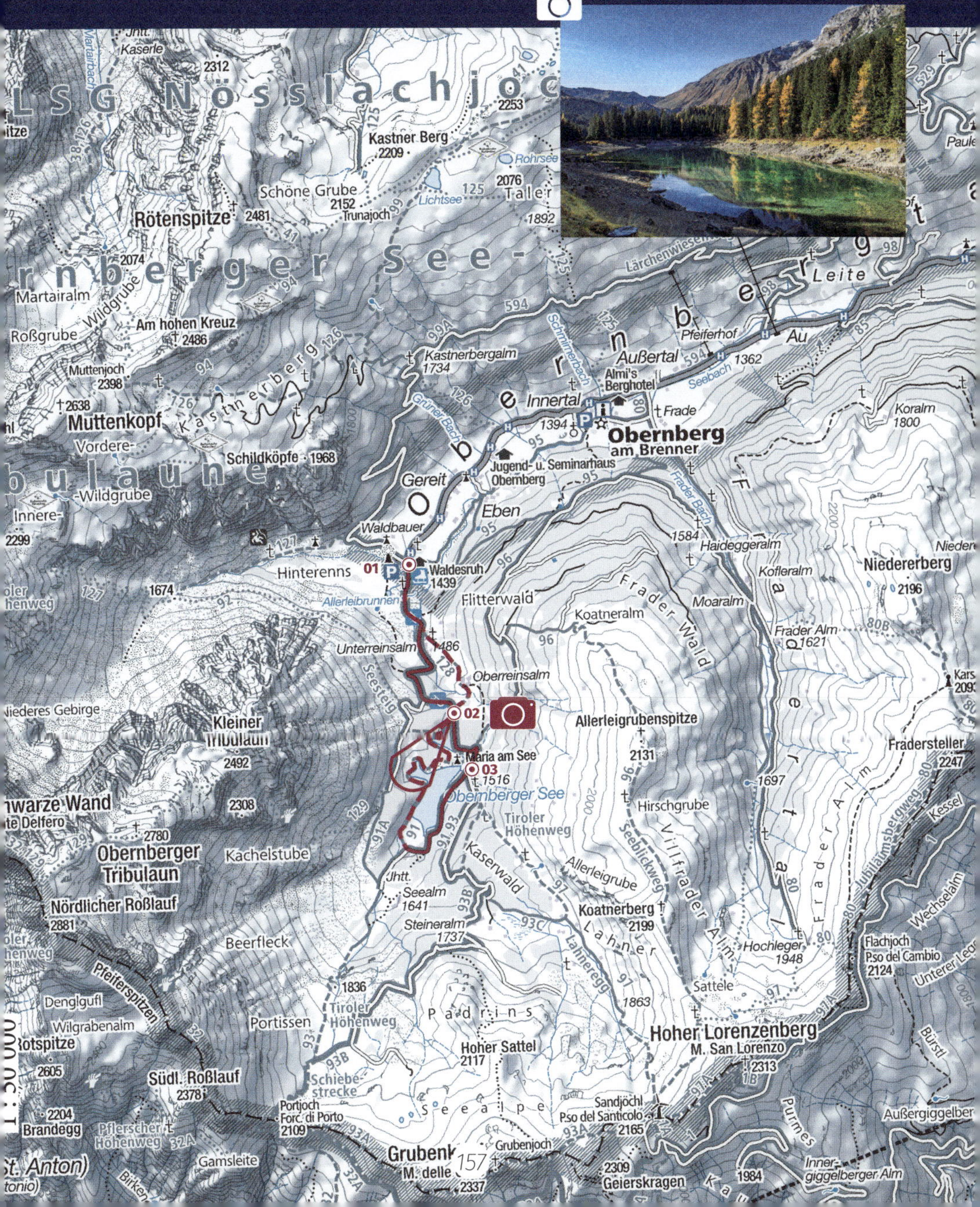

22 Kasknödl & Klettersteig

Die einen schwärmen von den Blumenwiesen der Walderalm im Süden des Karwendelgebirges, die anderen vom Klettersteig auf den darüber aufragenden Hundskopf. Die Kas-pressknödel von der Christl schmecken allen.

Bilder von: **Team KOMPASS @kompass.karten**

Zur Walderalm 1511 m

Tourencharakter
Geichmäßig steiler Anstieg auf einem breitem Schotterweg.

Start und Ziel
Wanderparkplatz im Ortsteil St. Michael/Gnadenwald gleich nach der Kreuzung der Straße von Fritzens mit der Verbindungsstraße von Gnadenwald nach Terfens, 900 m

Schwierigkeit: **leicht**
Dauer: **3:00 h**
Länge: **10,2 km**
Aufstieg **600 hm**
Abstieg **600 hm**

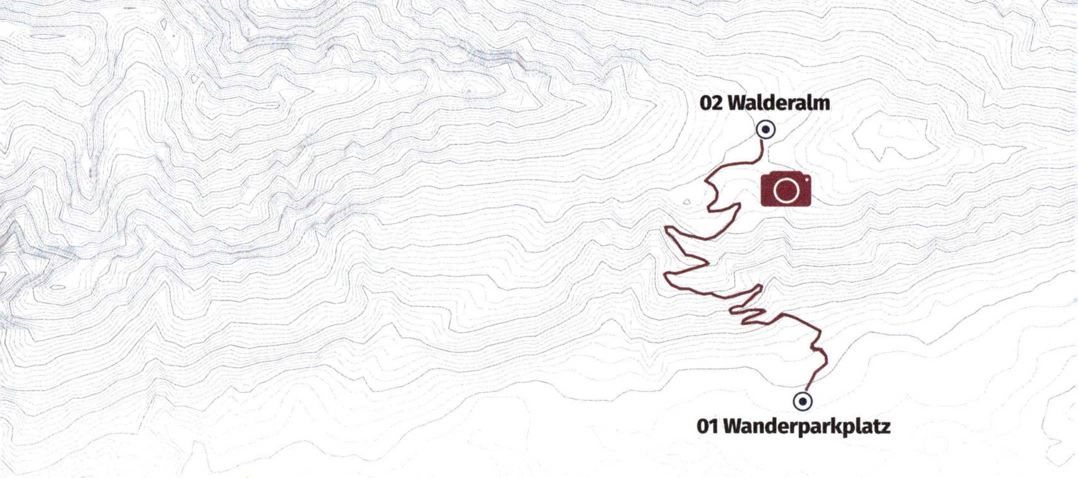

Höhenlinienmodell mit Streckenverlauf

Höhenprofil

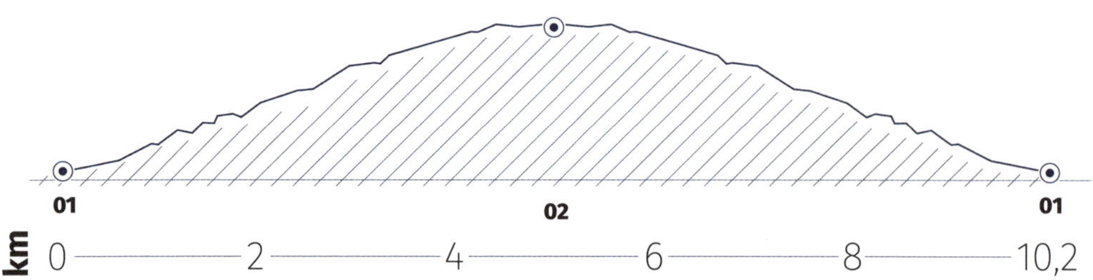

Die Walderalm ist eine grüne Oase im Felsengrau des Karwendelgebirges.

Von der Höhe schaut mein Blick
Trunken in die grünen Thäler,
Sieht die hohen Felsenwände,
Weitgedehnte, hochgethürmte …

Ludwig Tiek (1773–1853), „Tyrol".

Verbreitete der „König der Romantik" in seinen Gedichten die ersten Klischees über Tirol? Mag sein, aber so könnte man es durchaus empfinden, wenn man zum ersten Mal von Gnadenwald bei Hall zur Walderalm hinaufwandert und plötzlich vor den Felsriffen des Karwendelgebirges steht. Das kleinste davon, die Kuppe des 2243 Meter hohen Hundskopfs, wurde, wie erwähnt, mit Stahlseilen und Leitern versehen: Wer sich den mittelschweren Felix-Kuen-Klettersteig zutraut, kann die Tiek'schen Gefühle in der stolzen, aber vielleicht schon etwas nach Luft ringenden Bergsteigerbrust noch erheblich steigern.

Vom Ausgangspunkt am Wanderparkplatz **01** geht man den Weg nordwärts noch kurz durch bewohntes Gebiet, ehe er in den Föhrenwald einbiegt. Die Beschilderung zur Walderalm ist sehr gut, der Wegverlauf einfach. Der Anstieg ist mit 1½ Stunden nicht allzu lange, allerdings geht er durchwegs steil bergauf. Für eine kurze Rast stehen aber immer wieder Bänke, z. B. die „Gängerrast" bereit, auf denen man teilweise einen tollen Blick auf die umliegenden Berge hat.

Sind die Almflächen ereicht, kann man entweder weiter dem Schotterweg folgen oder

Verirren kann man sich hier nicht.

auf einem Steig über die Almwiesen bis zu einem Holzkreuz gehen. Es gibt auf dem Weg bei drei Wasserstellen die Gelegenheit, sich zu erfrischen. Auf der Walderalm 02 (1511 m) angekommen wird man mit einer herrlichen Kulisse belohnt. Unter uns liegt das Inntal mit Blick auf den Glungezer, Patscherkofel und Innsbruck. Hinter uns die imposante Bergkulisse des Karwendelgebirges. Sehenswert ist auch die kleine Kapelle „Maria Schutz" auf der Walderalm, die einen großartigen Blick auf die Berge bietet. Außerdem muss man unbedingt die köstlichen „Kasknödel" mit Suppe oder Salat auf der einladenden Terrasse der Walderalm probieren; 1½ Stunden bis 2 Stunden.

Der Rückweg führt uns auf demselben Weg zurück nach St. Michael.

Variante: Wer die Walderalm einfacher erreichen möchte, kann mit dem Auto auf der kostenpflichtigen Mautstraße bis zum Parkplatz bei der Hinterhornalm fahren, von wo aus die Walderalm in 30 Minuten zu Fuß erreichbar ist. Diese kurze Wanderung ist auch mit einem geländegängigen Kinderwagen gut geeignet.

Dein Moment für die Ewigkeit

Less is more

Auf Deutsch: Weniger ist mehr. Wenn dir die Stimmung einer Umgebung gefällt, dann versuche genau das einzufangen. Was macht die Stimmung aus? Du kannst nicht alles abbilden. Such dir bewusst den Bildausschnitt aus und gleiche das Ergebnis mit deiner Vorstellung ab.

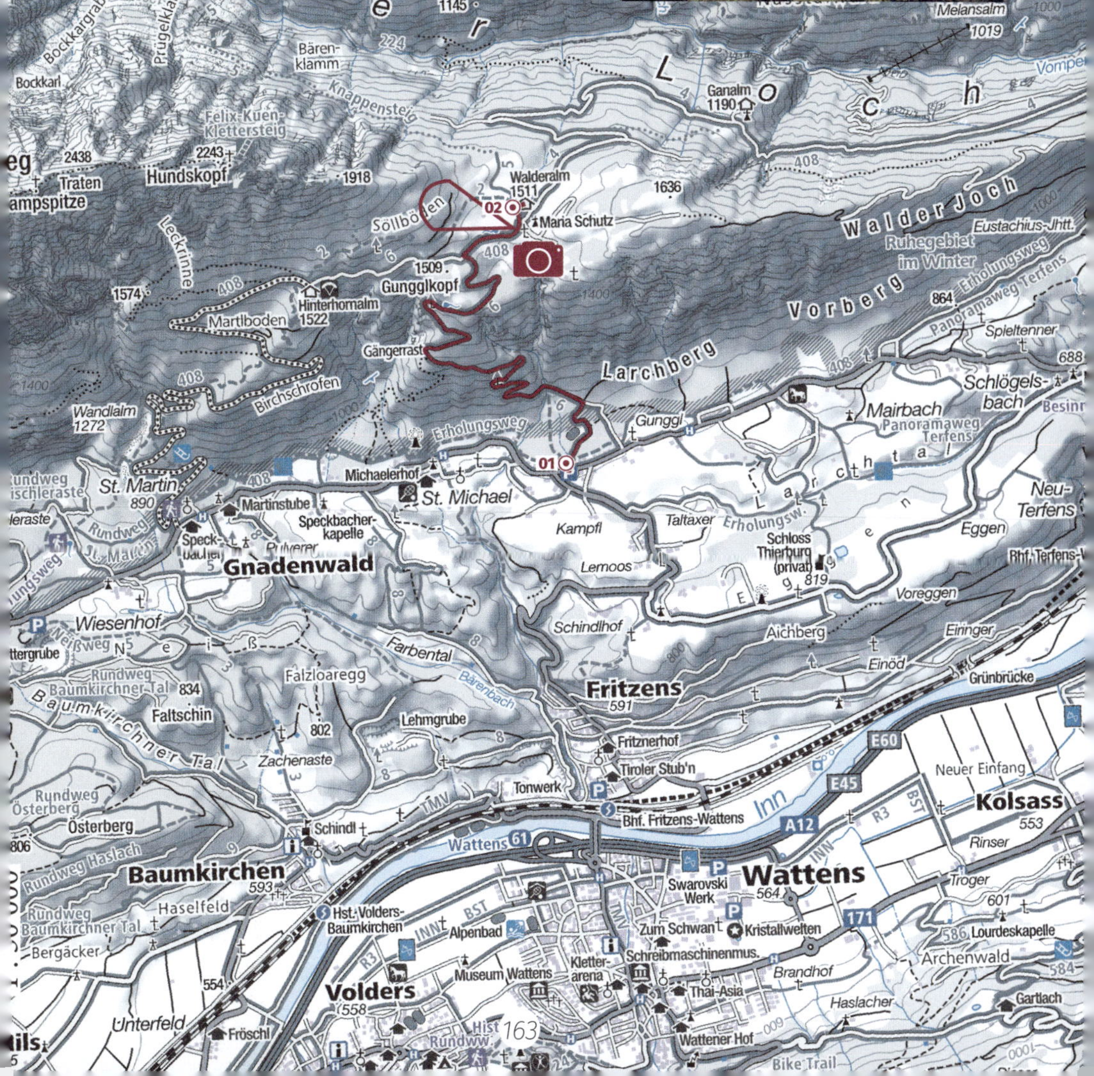

23 Bärige Achenseesicht

In seiner Gesamtheit lässt sich der Achensee nur von einem einzigen Punkt aus überblicken: Vom 1991 Meter hohen Bärenkopf zwischen Maurach und Pertisau. Dort lohnt sich aber auch ein Blick auf Naheliegenderes – etwa auf das Hochmoor unter dem Gipfel oder zur gastlichen Bärenbadalm.

Bilder von: **Roman Huber @romempix**

Auf den Bärenkopf 1991 m

Tourencharakter
Ausgedehnte, in Gipfelnähe landschaftlich prächtige Rundtour mit gewaltigen Ausblicken; Abkürzung mit Seilbahn ab Pertisau möglich.

Start und Ziel
Pertisau, Gathaus St. Hubertus.

Schwierigkeit: **mittel**
Dauer: **5:15 h**
Länge: **14,8 km**
Aufstieg **1100 hm**
Abstieg **1100 hm**

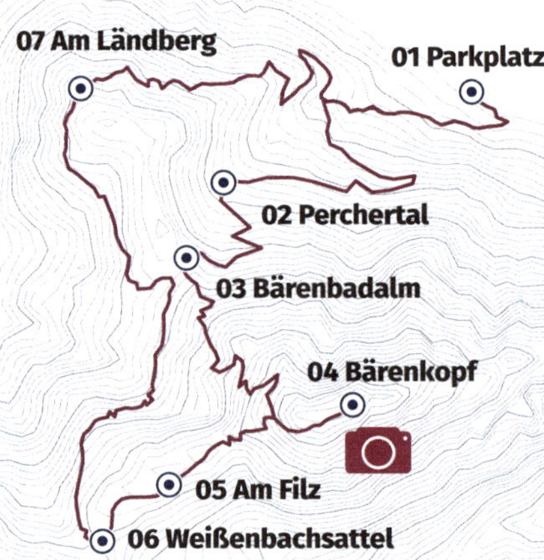

Höhenlinienmodell mit Streckenverlauf

Höhenprofil

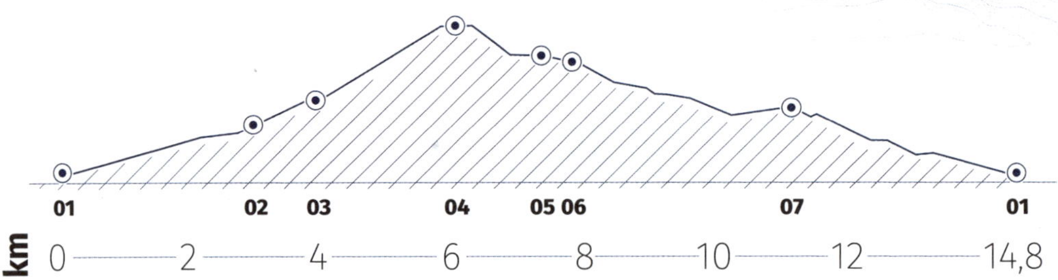

Platz zum Schauen gibt's auf dem Bärenkopf genug. Im Westen fallen Schaufelspitze und Sonnjoch auf.

Es sind durchaus auch die „kleinen“ Gipfel im riesigen und fast menschenleeren Karwendelgebirge, die große Emotionen garantieren.

1991 Meter sind keine atemberaubende Gipfelhöhe im Karwendelgebirge (der höchste Berg misst 2749 Meter). Dennoch ist der Bärenkopf kein „Klapf“ wie jeder andere. Zum einen könnte man die lange Wanderung zu seinem höchsten Punkt durch die Auffahrt mit der Seilbahn auf den Zwölferkopf (1491 m) abkürzen. Zum andern aber verspricht er neben dem erwähnten Achensee-Gesamtblick eine traumhafte Aussicht über weite Teile des östlichen Karwendels, ins östlich benachbarte Rofangebirge und über das Inntal bis zum gletscherweißen Alpenhauptkamm.

▶ Wer vom Tal aus aufsteigt, geht vom Parkplatz **01** am Betriebsgebäude vorbei nach Osten und folgt einem Fahrweg bei der Verzweigung nach rechts. Diese Straße steigt nun lange gegen Westen an und verzweigt sich bei der Skipiste. Dort nach links, nach Südosten durch den Bärenbader Wald hinauf und rechts abknickend zur Skipiste im Perchertal **02**.

Dort schwingt sich die Fahrrampe deutlich auf und endet. Am Rande der Skiabfahrt zu einem Wanderweg, der nach links in lawinengeschädigten Wald abzweigt und in ausholenden Kehren nach Süden ansteigt. Er weitet sich zu einer Fahrrampe, die links abdrehend in die Senke zwischen Zwölferkopf und Bärenkopf führt. Dort steht die Bergwirtschaft Bärenbadalm **03**, die von der Bergstation der Seilbahn wesentlich schneller erreichbar ist.

Wer den Rest des Sees auch sehen möchte, muss noch ein paar Meter nach Norden absteigen.

Von der Alm gegen Südosten bald in den Wald hinein und nahe einer stark ansteigenden Hangmulde in Kehren steil hinauf, bis ein steiler, mit Schrofen durchsetzter Hang zu queren ist. Dahinter in Latschenbuschwerk hinein und auf die Südhänge des Bärenkopfs hinüber. Der Weg führt einem Felsenriegel entlang, durch einen felsigen Einschnitt hinauf (Seilsicherung) und wieder neben einem markanten Felsenband dahin. Schließlich auf einen breiten, mit Gras und Latschen bewachsenen Rücken und über ihn zum Gipfelkreuz auf dem Bärenkopf 04 (1991 m). Der See-Aussichtspunkt liegt ein paar Meter nördlich (kurzer Abstieg); 2½ Stunden.

Der Abstieg verläuft vom Gipfel anfangs entlang der Aufstiegsroute. Bei der beschilderten Abzweigung nach links in Richtung Weißenbachsattel durch steile, sonnige Wiesenhänge absteigen und in die prächtige, aussichtsreiche Berglandschaft Am Filz 05. Von dort nach kurzem Zwischenanstieg in den Weißenbachsattel 06 hinunter. Im Sattel rechts halten und dem viel begangenen Wanderweg folgen, der im Wald relativ steil lange gegen Norden zur Bärenbadalm abfällt.

Bei der Wirtschaft links vorbei, durch ein Tälchen gegen Südwesten hinab und auf eine Straße. Auf ihr nach Norden weiter und in der scharfen Linkskehre geradeaus zum Lift und der Skipiste. Diese queren und in den Wald hinein. Nun längere Zeit nach Norden in moderatem Gegenanstieg hinauf, bis mitten im Wald eine Wegverzweigung erreicht wird. Dort links abdrehen und dem Wanderweg abwärts folgen, der im weiteren Verlauf nach Osten abschwenkt. Am Ländberg 07 quert er die Seilbahn und fällt im steilen Waldhang zu einer Wegverzweigung ab. Von ihr Richtung Maurach absteigen, bis beim Antennenmasten eine Straße erreicht wird. Auf ihr ins Perchertal, wo man zur Aufstiegsroute stößt, der man ins Tal zurück zum Ausgangspunkt 01 folgt.

Dein Moment für die Ewigkeit

Strebe nach Perfektion

Unser Coverbild von Roman Huber ist in vielerlei Hinsicht perfekt. Es fesselt mit einer perfekten Bildkomposition, einer wunderschönen Aufteilung und einer atemberaubenden Inszenierung der Kulisse. Orientiere dich an Bildern die dir gefallen und versuche zu analysieren, welche Elemente dir gefallen. Von den Besten lernt man auch am schnellsten.

24 Unter 2200 Ahornen

Er ist der Star unter den Tiroler Ausflugszielen und war Sieger der TV-Show „9 Plätze, 9 Schätze“. Wer den Großen Ahornboden nicht gerade am Wochenende besucht, wird in diesem einzigartigen Karwendeltal so manches Aha-Erlebnis haben.

Bilder von: **Fabian Künzel @fabian_kuenzel**

Der Große Ahornboden

Tourencharakter
Gemütlicher Spaziergang in einem der schönsten und bekanntesten Täler des Karwendels.

Start und Ziel
Alpengasthof Eng, 1227 m; Straßenzufahrt (auch Bus RVO) nur von Deutschland (Vorderriß) über Hinterriß und auf der Mautstraße durch das Rißtal, Parkplatz 10..

Schwierigkeit: **leicht**
Dauer: **1:45 h**
Länge: **7 km**
Aufstieg **215 hm**
Abstieg **215 hm**

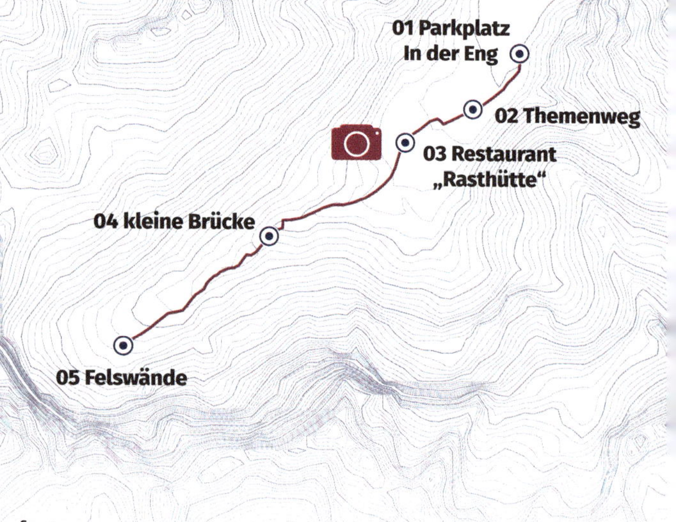

Höhenlinienmodell mit Streckenverlauf

Höhenprofil

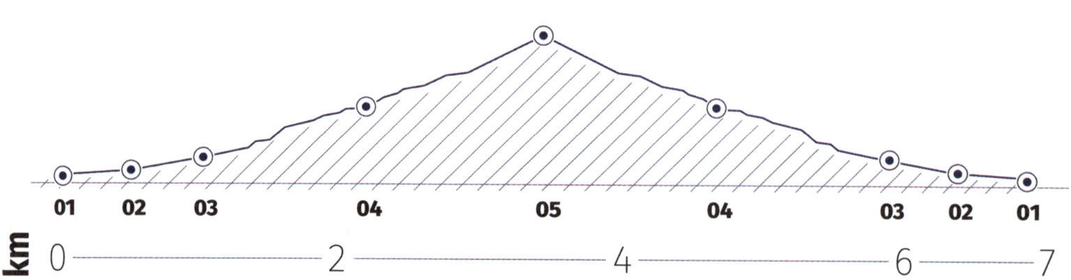

Wo der Verantwortliche für alle Wanderführer im Naturpark Karwendel recht hat, hat er recht: Eine Landschaft wie den Großen Ahornboden gibt's in den Alpen kein zweites Mal. Rund 2200 Ahornbäume zieren den felsgesäumten Talgrund von Hinterriß, der zur Isar nach Norden entwässert und mit Bus oder Auto nur aus Bayern erreichbar ist. Die traditionsreichen Almen „In der Eng", wie das Tal auch genannt wird, wieder neuen Wurzelhorizonten hat ihn dazu befähigt. In Kombination mit der seit dem 12. Jahrhundert nachgewiesenen Almwirtschaft, die die restlichen Baumarten zum Schaffen von Weideflächen zurückgedrängt hat, entstand die heutige Landschaft. Diese Baummonumente sind wichtige Lebensräume für Fledermäuse, Spechte, den Trauerschnäpper und verschiedene Käferarten, darunter der vom Aussterben be-

Der Begriff Einzigartigkeit trifft auf den Großen Ahornboden zweifelsohne zu.

Anton Heufelder im KOMPASS-Wanderführer „Naturpark Karwendelgebirge"

beweisen, dass es sich dort um eine naturnahe Kulturlandschaft handelt. Die harmonische Verzahnung von Urlandschaft und jahrhundertelangem Menschenwerk zeigt sich erst bei einem genaueren Blick auf die kleinen Wunder am Wegesrand, der aus einem kurzen Spaziergang eine lange Erlebnistour macht.

Nur wenige Besucher bleiben unbeeindruckt, wenn sie am Parkplatz in der Eng **01** den Bergsteigerbus oder das eigene Auto verlassen, um mit der kleinen Wanderung zu beginnen. Wir starten am Themenweg **02** Richtung Almdorf Eng und erfahren auf Infotafeln viel über die Almwirtschaft, den Bergwald und den Bergahorn. Ist es nicht erstaunlich, wie diese Bäume mit einem Alter von 400 bis 600 Jahren diese Landschaft prägen? Warum nicht Fichten, Tannen oder Buchen? Der Bergahorn ist gegen Überschotterung sehr duldsam und kann daher am besten mit den harten Lebensbedingungen auf dem kargen Schotterboden umgehen. Die Ausbildung von immer

Auf den Gipfeln kündigt sich schon der Winter an

drohte Alpenbockkäfer. Außerdem leben auf den Bäumen 135 verschiedene Moos- und Flechtenarten.

Vorbei am Restaurant „Rasthütte“ 03 führt unser Weg geradeaus in den Enger Grund. Vor uns bauen sich die Spitzen von Hochglück, Spritzkar und Dreizinkenkar auf. Wirft man einen Blick zurück, zeigt sich die Hasentalalm mit dem Kompar.

Der Weg folgt dem Bachverlauf des Enger-Grund-Baches. Nach dem Überqueren einer kleinen Brücke 04 verengt sich der Weg, später verliert er sich im weglosen Gelände. Verlaufen kann man sich aber trotz verschiedener Weggabelungen nicht. Je weiter wir uns den steilen Felswänden 05 nähern, umso unberührter scheint die Landschaft zu werden. Hier ist das Paradies der Gämsen, doch auch der etwas versteckt liegende Wasserfall zu unserer Linken beeindruckt uns.

Der Rückweg erfolgt auf den gleichen Pfaden wie der Hinweg.

Dein Moment für die Ewigkeit

Schatten nutzen

Nicht nur das Licht, auch Schatten kann man bewusst einsetzen. Der Schattenwurf der Bergkette im Vordergrund bildet einen schönen unteren Abschluss des Bildes und hebt so die beleuchteten Bäume in der Mitte hervor.

25 „Gründe“ genug

Ziller-, Stillup-, Floiten-, Zemm- und Zamsergrund: So heißen die südlichen Seitentäler des Zillertals. Über Letzterem thronen zwei gastliche Schutzhütten – und die sind wiederum gute Gründe für eine Höhenwanderung.

Bilder von: **Roman Huber @romempix**

Friesenberghaus und Olpererhütte

Tourencharakter
Sehr lohnende Hütten- und Höhenwanderung im hinteren Zillertal auf gut angelegten Bergpfaden; Vorsicht nach Regenfällen bei den Bachüberquerungen und bei Schneelage!

Start und Ziel
Schlegeis-Speicher, 1782 m; Parkplatz nach dem Tunnel bei der Staumauer, unterhalb der Dominikushütte; Zufahrt von Mayrhofen über Ginzling, zuletzt Mautstraße.

Schwierigkeit: **mittel**
Dauer: **5:30 h**
Länge: **12,7 km**
Aufstieg **930 hm**
Abstieg **930 hm**

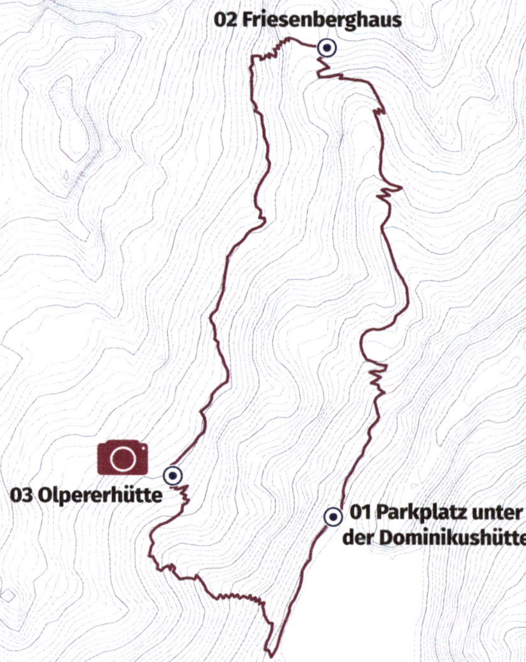

Höhenlinienmodell mit Streckenverlauf

Höhenprofil

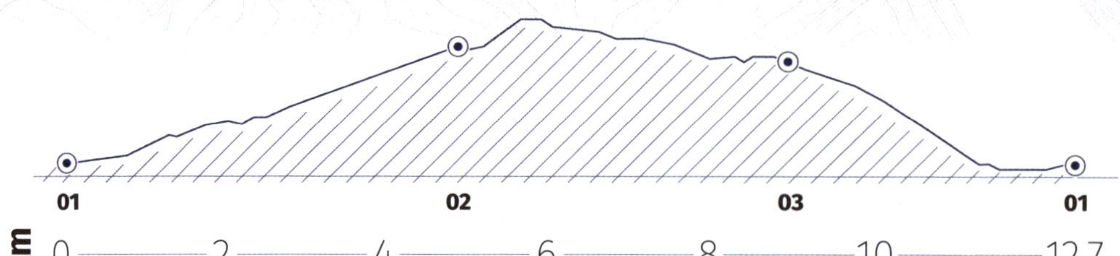

Trotz der friedlichen Umgebung im Hochgebirgs-Naturpark über dem Schlegeis-Speicher erinnert der Weg zum Friesenberghaus am 3231 Meter Hohen Riffler an das dunkelste Kapitel in der Geschichte des Alpenvereins. Erbaut wurde diese Schutzhütte in einer Zeit, in der man Juden selbst den Zugang in die Berge verwehren wollte. Nachdem die Wiener Alpenvereinssektion Austria mit ihrem 1921 durchgesetzten „Arierparagraphen" Juden die Mitgliedschaft versagte, gründeten jüdische und nichtjüdische Bergsteiger die Sektion „Donauland", die sich rasch zur drittgrößten AV-Teilorganisation in Österreich entwickelte. Trotzdem schloss sie der Deutsche und Österreichische Alpenverein 1924 aus. Solidarität zeigten jedoch etwa 600 Berliner Bergsteiger, die daraufhin den „Deutschen Alpenverein Berlin" bildeten und gemeinsam mit den Wienern das Friesenberghaus bauten. 1932 wurde es eröffnet und schon im Jahr darauf, als Hitler in Deutschland an die Macht kam, an den mittlerweile selbstständigen „Alpenverein Donauland" überschrieben. 1938, nach dem „Anschluss" Österreichs an das Deutsche Reich, wurde auch dieser verboten: Die Wehrmacht beschlagnahmte das Haus und hinterließ es 1945 ausgeplündert. Nur wenige jüdische Bergsteiger hatten den Holocaust überlebt. Seit 1968 betreut die DAV-Sektion Berlin das Friesenberghaus. Drinnen erinnern heute Holzstühle an jene, die den Ausschluss ihrer jüdischen Bergkameraden verhindern wollten; draußen mahnt ein Gedenkstein vor Intoleranz und rassischer Verfolgung. Nachdenklich bleibt man auf dem ganzen, wunderbaren Weiterweg hinüber zur Olpererhütte.

▶ Vom Parkplatz unter der Dominikushütte **01** wandern wir auf dem Pfad Nr. 532

Sanftes Schaukeln überm Stausee.

Richtung Friesenberghaus zu einem Steg über einer Wasserfassung. Sanft ansteigend erreichen wir den Falschseitenbach, der ebenfalls überschritten wird. Danach windet sich der Weg steiler zu den feuchten Wiesen der einstigen Friesenbergalm (Jagdhütte, 2036 m) empor. Um das Alblegg herum kommen wir in den Graben des Lapenkarbachs, der die weitere Aufstiegsrichtung vorgibt. Schließlich erreichen wir im Linksbogen den Karboden mit dem Friesenbergsee. Rechts darüber lädt das Friesenberghaus **02** (2498 m) zur Einkehr ein; Aufstieg 2¼ Stunden.

Kurz wieder hinab zum See-Abfluss, wo wir nun rechts auf den Pfad Nr. 526 Richtung Olpererhütte einschwenken. Bald steigen wir neben einer Rinne in Kehren auf einen 2620 m hohen Schuttbalkon an, wo sich die Route teilt. Links weiter und auf einem flachen, stellenweise schön verlegten Plattenweg unterhalb der Gefrorene-Wand-Spitzen (3288 m) nach Süden, wobei einige Wasserläufe überschritten werden. Nach knapp 3 km Panoramawanderung stehen wir vor einer Hängebrücke, die den Abfluss des Großen Riepenkees übersetzt. Gleich danach erreichen wir die Olpererhütte **03** (2389 m) mit ihrer Aussichtsterrasse; 2 Stunden.

Abstieg nach links auf dem Pfad Nr. 502 neben dem Riepenbach zum Schlegeis-Stausee. Dort angekommen, müssen wir links noch ca. 1 km auf der Asphaltstraße zum Ausgangspunkt **01** bei der Staumauer marschieren; 1¼ Stunden.

Auf einer Fläche von 422 Quadratkilometer wechseln sich im Hochgebirgs-Naturpark Trogtäler, die von Gletschern ausgeschürft wurden, mit dichten Wäldern ab. Dazwischen finden sich zahlreiche Spuren alpiner Kultur: Berghütten, Almen und Höhenwege.

Von www.tirol.at

Die Weißspitze, der westliche Nachbargipfel des Hochferners, lugt über die Haupenscharte.

Dein Moment für die Ewigkeit

Eingebettet

Genauso wie der See von Fels umragt wird, schließt der Fotograf den vorderen Bildteil mit Felsen ab. Damit bettet er die Hütte ebenfalls in Fels und verbindet so die Enden der Bergkette. Lediglich in der Mitte bleibt der Kreis unterbrochen und so öffnet sich der herrliche Blick auf die Hütte samt See.

26 Rauf ins Rofan

Die Alpen leiden an Übererschließung, die Unterinntaler Gemeinde Kramsach hadert jedoch mit dem Gegenteil: Seit dem Ende der Sonnwendjochbahn fordert der Anstieg zum berühmten Zireiner See Zeit und Schweiß. Der kürzeste Weg dorthin? Bitte umblättern.

Bilder von: **Thomas Kargl @maxlsbilderbuch**

Zireiner See – Hirschlacke 1865 m

Tourencharakter
Lange, aber sehr schöne Tour durch abwechslungsreiches Wald- und Almgelände zu einem bekannten Gebirgssee – und mit einem überraschenden Highlight als Ziel.

Start und Ziel
Parkplatz Wimm, 1185 m, oberhalb von Aschau über dem Tal der Brandenberger Ache. Zufahrt von Kramsach Richtung Aschau; nach ca. 10 km links nach Aschau und vor dem Ort links Richtung Brandl und vorbei am Bauernhof Wimm bis zum Ende der öffentlich befahrbaren Straße hinauf (Schranke, ca. 10 Parkplätze).

Schwierigkeit: **mittel**
Dauer: **7:30 h**
Länge: **18,4 km**
Aufstieg **1100 hm**
Abstieg **1100 hm**

Höhenlinienmodell mit Streckenverlauf

Höhenprofil

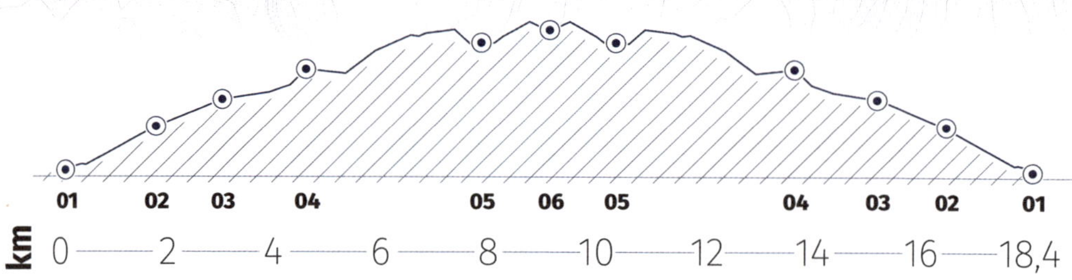

Wie tut ein wildes Wandern wohl,
Wenn man sein Einsamgehn durchleuchtet!

Joachim Ringelnatz, „Drei Tage in Tirol“ (1929).

Der Zireiner See gehört zu den bekanntesten Fotomotiven Tirols. Wäre die Sonnwendjochbahn nicht eingestellt worden, hätten ihn inzwischen die Massen überrollt – so aber ist in seinem wunderbaren Landschaftsumfeld am Fuß der Rofanspitze oft erstaunlich viel los, es herrscht aber kein Rummel. Und noch viel stiller ist es an einem zweiten, westlich benachbarten und so gut wie unbekannten Wasser-Kleinod – an der Hirschlacke. Die zusätzliche Gehstunde hin und auch die zweite retour lohnen sich für Freunde einsamer Gebirgsszenerien wirklich. Und mit dem nahen Berghaus Sonnwendjoch gibt's dort oben ja auch eine ganz und gar untypische, aber höchst besuchens- und auch übernachtenswerte Hütte, in der sich die Tour zu einer erlebnisreichen Zwei-oder-Mehr-Tages-Unternehmung ausweiten lässt.

Wir starten am Parkplatz in Wimm 01 und folgen zunächst dem Forstweg, bis wir rechts auf den Wanderweg abzweigen können. Sowohl der Forst- als auch der Wanderweg führen an der schön gelegenen Auelalm 02 (Eilalm, 1390 m) vorbei. Wir folgen dem Forstweg (einige Abkürzungen) weiter zu Anderl's Almhütte 03 und zur Labeggalm (1545 m) – beide sind gastliche Einkehrstationen. Über einen Waldrücken (Kreuzeinjoch, 1702 m) erreichen wir den Hochleger Kreuzeinalm 04 (1652 m) und steigen dann durch etwas steilere Latschenhänge und über eine Kuppe zur Roßwies (Roßkogelsattel, 1868 m) an. Dort halten wir uns nach rechts, gehen nördlich unter dem Roßkogel (1948 m) vorbei und bleiben bei allen Abzweigungen geradeaus. Nach einem kurzen Abstieg über leichte Stufen (Trittsicherjeit notwendig) erreichen wir die Mulde des zauberhaften Zireiner Sees 05 (1799 m), über den sich das felsige Rofangebirge aufbaut; der markante Rofanturm ist gut zu erkennen; 3 Stunden.

Weiter geht es auf der linken (südlichen) Seite des Sees, vorbei an einer verfallenen Hütte und auf den atemberaubenden Rofanstock zu. Auf der westlichen Seeseite angekommen steigen wir rechts durch Latschen auf den Sattel (1905 m) zwischen der Rofanspitze und der Marchspitze. Jenseits bringt uns ein kurzer Abstieg über eine Wiese zur nur etwa

Der Zireiner See vor der Rofanspitze.

Steiler, rauer, unbekannt: Die Hirschlacke am Fuß der Rofan-Nordabstürze.

100 m langen, aber besonders idyllisch gelegenen Hirschlacke **06** (1865 m) hinab. Das Gewässer liegt hinter den mächtigen Rofanwänden, an denen sich bis in den Frühsommer hinein Schnee hält. Der glasklare und türkis leuchtende See wird vom winterlichen Weiß und von unterirdischen Quellen gespeist. Am schönsten ist er im Frühsommer, bevor die Rinder auf die nahe Alm gebracht werden; 1 Stunde. Der Rückweg erfolgt auf der gleichen Route – etwa 1 Stunde wieder bis zum Zireiner See und gut 2 Stunden weiter bis zum Ausgangspunkt.

Variante: Wenn man auf der Roßwies rechts abzweigt, gelangt man unter dem Roßkogel zum aussichtsreich gelegenen und sehr gut bewirtschafteten Berghaus Sonnwendjoch hinüber (ca. 2½ Stunden von der Hirschlacke). Man sollte dort übernachten, es stehen sogar originelle Schlaffässer zur Verfügung! Anderntags geht's auf einem schönen Pfad zur Hochalm (1556 m) hinab und dann im Auf und Ab über den Grasrücken des „Hörndls" zurück zur Aufstiegsroute. Bis zum Ausgangspunkt in Wimm gut 2 Stunden.

Dein Moment für die Ewigkeit

Blumen zum Leuchten bringen

Die Sonne steht bei diesem Bild schon sehr tief. Seitlich strahlt sie die Blumen im nicht scharfen Bereich des Bildes an. Die Unschärfe verstärkt den Effekt des Leuchtens zusätzlich. Da der Standpunkt der Kamera im Schatten ist, kommt kein direktes Licht als Störfaktor auf die Linse.

27 Ein milder Monarch

Für das Adjektiv „zahm“ nennt der Duden Synonyme wie zutraulich, brav oder milde. Eines Kaisers würdig sind sie alle nicht. Doch zahm wirkt der Zahme Kaiser bei Kufstein ohnehin nur im Vergleich mit seinem noch wilderen Nachbarkamm.

Bilder von: **Thomas Kargl @maxlsbilderbuch**

Die Rundtour über den Zahmen Kaiser

Tourencharakter
Alpine Rundwanderung auf breiten Wanderwegen, kehrenreichen Pfaden und leichten Steigen; eine gesicherte Stelle am Vogelbad, teils steilere Passagen im Öchselweidkar und vor Hinterbärenbad.

Start und Ziel
Kufstein, Ortsteil Sparchen, 501 m; gebührenpflichtiger Parkplatz gegenüber dem Kaisertal-Einstieg, Bus vom Bahnhof Kufstein.

Schwierigkeit: **schwer**
Dauer: **8:30 h**
Länge: **21,4 km**
Aufstieg **1720 hm**
Abstieg **1720 hm**

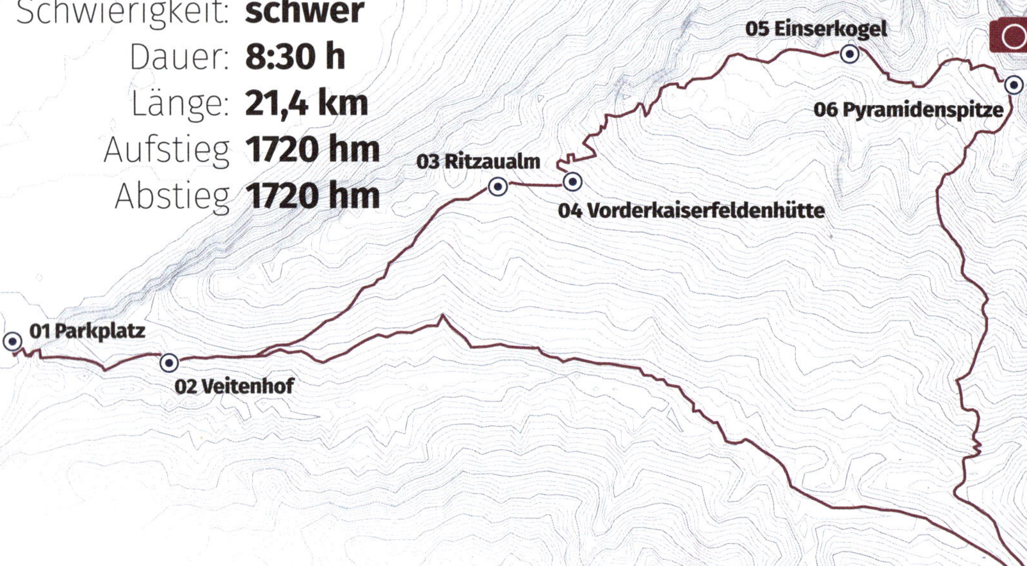

Höhenlinienmodell mit Streckenverlauf

Höhenprofil

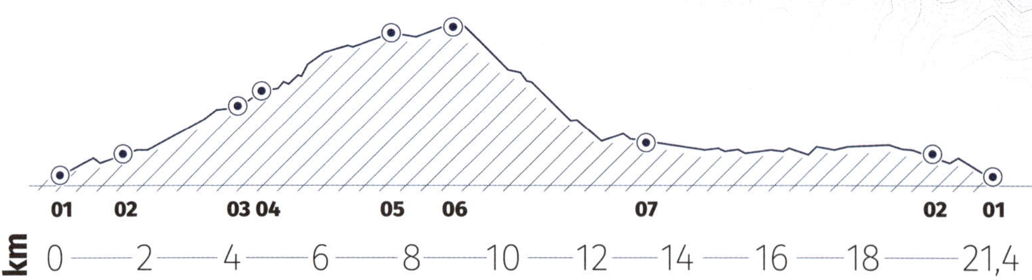

Das flache Plateau täuscht ein wenig, denn der Zahme Kaiser hat auch felsstarrende Seiten.

Der Name „Kaiser" für das ganze Gebiet ist älter und findet sich schon im Jahre 1240 in einem Kitzbüheler Text über eine Gamsjagd „an dem Chaiser".

Aus www.wilderkaiser.info

Diese technisch unschwierige, aber sehr lange Rundtour verbindet den Kammweg des Zahmen Kaisers, der dem Massiv des Wilden Kaisers im Norden vorgelagert ist und daher eine herrliche Sicht zu den berühmten Kaisergipfeln, aber auch über die Voralpen bietet, mit dem berühmten Kaisertalweg. Aufgrund mehrerer Hütten, die unterwegs Übernachtungsmöglichkeit bieten, bleiben den Wanderern viele Möglichkeiten offen.

▶ Vom Parkplatz 01 in Kufstein/Sparchen wandern wir in 2¼ Stunden auf dem Treppenweg ins Kaisertal zum Veitenhof 02 und dann links über die Ritzaualm 03 zu unserem ersten Etappenziel, der Vorderkaiserfeldenhütte 04 (1388 m) hinauf.

Von dort steigen wir im Wald kehrenreich zum Wiesensattel, wo links der Gipfelanstieg zur Naunspitze abgeht. Wir halten uns rechts, gelangen durch Latschengebiet auf den Gipfelkamm, passieren rechts den kurzen Abstecher zum Petersköpfl-Gipfel und folgen in leichtem Auf und Ab weiter dem Kammweg. Über den Einserkogel 05 (1924 m) und den Zwölferkogel erreichen wir die Steilstufe Vogelbad, wo wir stahlseilversichert ein kurzes Stück absteigen, dann wandern wir weiter, über den Elferkogel hinüber zur Pyramidenspitze 06 (1997 m).

Kurz zurück und links durch das Öchselweidkar steiler über teils geröllige Kehren hinab, vorbei an der Wegverzweigung mit dem Höhenweg 811 erreichen wir eine weitere Verzweigung, wo wir – wenn wir auf eine Einkehr/Übernachtung in Hinterbärenbad verzichten – nach links Richtung Kufstein rund anderthalb Kilometer abkürzen können. Wir folgen aber rechts der Beschilderung „Hinterbärenbad, Hans-Berger-Haus" und gelangen über einen schmalen und steilen Pfad zu einer Brücke hinab. Bei Nässe kann dieser Abschnitt recht unangenehm sein. Nach einer kleinen Gegensteigung erreichen wir Hinterbärenbad und das Anton-Karg-Haus 07.

Auf dem Kaisertalweg wandern wir gemütlich, da ohne großen Höhenunterschiede, talauswärts, vorbei an der Klaushütte (felsige Talenge mit Tunnel) und am Pfandlhof (Einkehrmöglichkeit). Erst auf der Kaisertalstiege nach dem Veitenhof 02 geht's wieder etwas steiler bergab bis zum Ausgangspunkt beim Parkplatz 01.

Blaublütige Bergwelt – hier gibt es sogar einen Roßkaiser.

Dein Moment für die Ewigkeit

Teleobjektiv

Ein Teleobjektiv wirkt ähnlich wie ein Fernglas und holt Objekte näher heran, gleichzeitig verringert es den Bildwinkel. Gerade bei einer Tour auf dem Zahmen Kaiser macht das Sinn um den gegenüberliegenden Kaiser ins Visier zu nehmen. Auch wenn man ein fernes Motiv in den Fokus rückt sollte man den Vordergrund nicht vernachlässigen.

28 Szenerie mit System

Ordnung muss sein, auch auf einer wilden Alm. Daher gibt's im Herzen der Kitzbüheler Alpen eine Wildalm für Kühe und eine nur für Rösser. Und dazu drei sauber aneinander gereihte Wildalmseen, die im Sommer zum Baden einladen.

Bilder von: **Thomas Kargl @maxlsbilderbuch**

Wildalmseen – Schafsiedel 2447 m

Tourencharakter
Abwechslungsreiche Tour ohne größeren Schwierigkeiten. Die Mühe wird belohnt durch einige Seen und der unglaublichen Sicht bis zum vergletscherten Großvenediger.

Start und Ziel
Parkplatz neben dem Gasthaus Wegscheid, 1148 m, im Kurzen Grund. Zufahrt von Wörgl ins Brixental und durch das südwärts abzweigende Seitental in die Kelchsau; kurz südlich davon teilt sich das Tal bei der Mautstelle und man fährt links in den Kurzen Grund (Bus leider nur bis Kelchsau).

Schwierigkeit: **mittel**
Dauer: **6:45 h**
Länge: **14,2 km**
Aufstieg **1400 hm**
Abstieg **1400 hm**

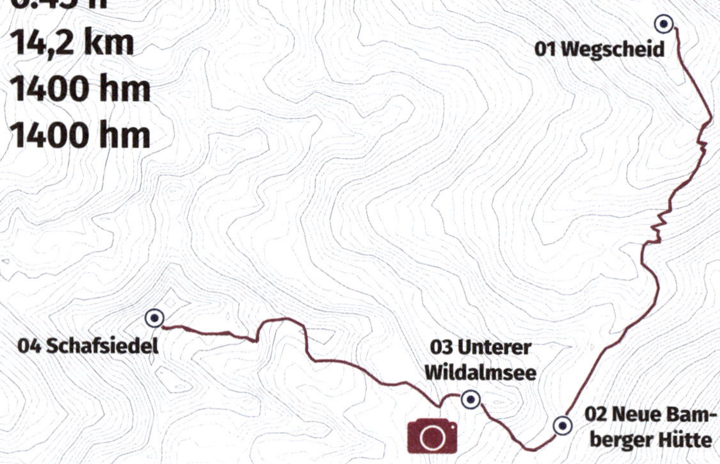

Höhenlinienmodell mit Streckenverlauf

Höhenprofil

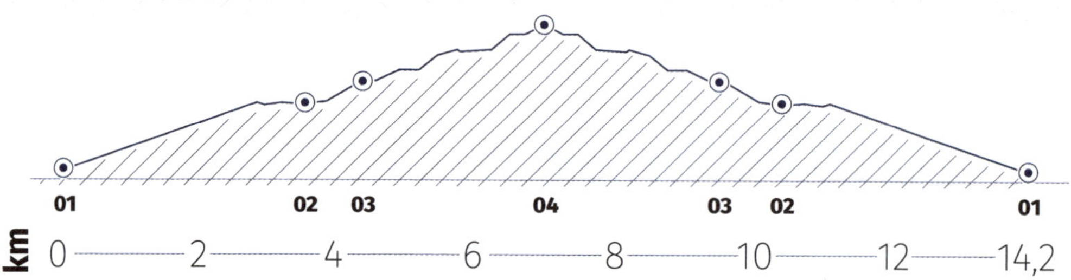

Vor dem Gipfelglück kommt die Urwalddurchquerung.

Die Kitzbüheler Alpen, die auch Tiroler Schieferalpen genannt werden, erstrecken sich über ca. 80 Kilometer vom Zillertal bis nach Zell am See im Salzburger Land.

Die Bergwanderung vom gemütlichen Familiengasthaus Wegscheid über die viel gelobte Neue Bamberger Hütte der Alpenvereinssektion Bamberg auf den Schafsiedel zählt zu den schönsten Touren im Angebot der Kitzbüheler Alpen. Wie die ganze Gebirgsgruppe ist auch dieser Gipfel sanft grün mit einigen felsigen „Einsprengseln“, dazu laden mehrere Seen zu stimmungsvollen Pausen beim Aufstieg ein.

Vom Parkplatz beim Gasthaus Wegscheid 01 folgt man dem Wanderweg Nr. 6 bzw. 718 mit dem Ziel Neue Bamberger Hütte. Die schön angelegte Route führt durch Wald und über kleine Moore; sie gibt immer wieder den Blick auf die darunterliegende Klamm frei. Nach dem ersten Abschnitt kreuzt man eine Forststraße, auf der man nach einem weiteren kurzen Wegstück unter Bäumen bis zur Neuen Bamberger Hütte 02 (1756 m) hinaufwandert. Die Hütte thront über einer saftigen Graslandschaft, durch die sich ein Bach schlängelt; 1¾ Stunden.

Nach einer Rast starten wir zu den Seen. Der Wanderweg verzweigt sich: Wir biegen rechts ab und nehmen den nächsten Anstieg in Angriff. Der Blick streift dabei bis zum Salzachjoch – links davon liegt die Streitfeldneralm, die höchstgelegene bewirtschaftete Alm in dieser Region. Der Untere Wildalmsee 03 (1937 m) erscheint etwas unerwartet, denn sein Wasserspiegel liegt genau auf einer Höhe mit unserem Blickfeld, wenn wir ihn zum ersten Mal sehen.

Weiter geht's zum Mittleren Wildalmsee (2028 m) und schließlich zum Oberen Wildalmsee (2324 m). Beim Höherwandern wird die Landschaft immer kahler; neben Heidelbeersträuchern sind dort unzählige Almrosen zu finden. Langsam wir auch klar, woher der Gipfel seinen Namen hat: Spätestens beim Oberen See sind dutzende Schafe anzutreffen.

Zuletzt wird der Anstieg etwas steiler und anspruchsvoller. Am Gipfel des Schafsiedels **04** (2447 m) angekommen, genießen wir den Blick vom Wilden Kaiser bis zu den hohen Tauern; 2½ Stunden.

Der Abstieg erfolgt auf der selben Route in etwa 2½ Stunden.

Der 2361 m hohe Dristkopf – gesehen aus der Umgebung der Neuen Bamberger Hütte.

Dein Moment für die Ewigkeit

Die Bühne arrangieren

Die Wildalmseen wirken fast wie eine künstliche Kulisse. Man nähert sich jeweils von unten und überschreitet dann den Seespiegel. Die Tour eignet sich also perfekt, um sich mit dem eigenen Standort und der Positionierung des Motivs zu spielen. Die Person steht auf dem kleinen Felsvorsprung und ragt in den Teil des Sees, der keine dunkle Spiegelung hat.

29 Osttirols wilder Osten

53 Dreitausender und 62 Seen verbergen sich in der Schobergruppe. Der 21,6 Hektar große Wangenitzsee am Fuß des 3283 Meter hohen Petzecks (rechts im Bild) zählt zu den bekannteren Wanderzielen dieses dunklen und ungestümen Berglands im Süden des Großglockners.

Bilder von: **Lisa Holzer @liszloh**

Zum Wangenitzsee 2465 m

Tourencharakter
Erlebnisreiche Berg- und Seenwanderung auf guten, aber stellenweise hochalpinen Pfaden, die abschüssiges Schrofengelände queren; stellenweise gesichert, Trittsicherheit und Schwindelfeiheit sind unerlässlich. Der Bergweg zur Wangenitzseehütte ist einfacher begehbar; der Schlussabstieg erfolgt auf einem Fahrweg.

Start und Ziel
Parkplatz Seichenbrunn (1668 m) im hinteren Debanttal nördlich von Lienz; Zufahrt von Nußdorf-Debant im Drautal, zuletzt auf einer Schotterstraße.

Schwierigkeit: **schwer**
Dauer: **7:00 h**
Länge: **15 km**
Aufstieg **1250 hm**
Abstieg **1250 hm**

Höhenlinienmodell mit Streckenverlauf

Höhenprofil

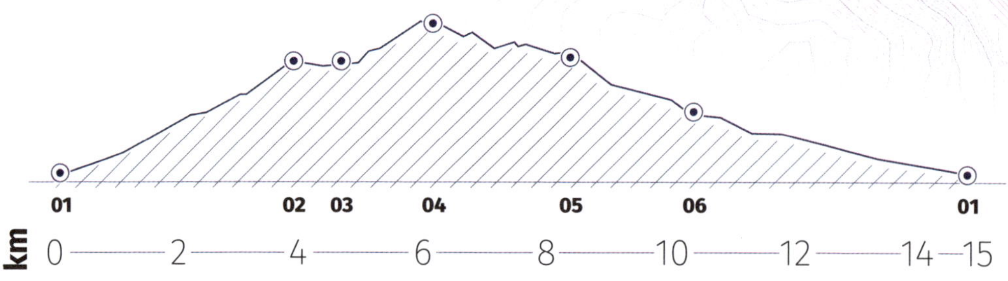

Mit dieser recht anspruchsvollen Wanderung, die keinen Gipfel berührt, aber doch über 2800 Meter Seehöhe erreicht, verschaffen wir uns einen guten Eindruck vom Wesen der Schobergruppe, dem rauen Bereich der Hohen Tauern im Süden des Großglockners. Dies ist ein Gebiet herber Urgesteinsberge, jedoch nicht ohne liebliche Flecken, wie sie sich vor allem an den zahlreichen Seen offenbaren. Der Wangenitzsee ist der größte der Gruppe, deren Herz gewiss in der Arena des hinteren Debanttales schlägt.

Gleich hinter dem Parkplatz Seichenbrunn 01 geht es nach rechts über die Brücke und an den anfangs noch bewaldeten Talflanken aufwärts. Man steigt erst etwas rechts haltend an, später in Serpentinen weit nach links. Eine Querung auf einem Hangabsatz führt an einem Almhüttchen vorbei (ca. 2100 m). Oberhalb mündet unsere Route in den Zinkeweg (Nr. 917), dem wir unter steilen Felsen nach rechts folgen, um in engen Kehren das letzte Stück zur von der Materialseilbahn überspannten Unteren Seescharte 02 hochzusteigen. Jenseits kurz abwärts und zwischen Kreuzsee und Wangenitzsee hindurch zur erhöht gelegenen Wangenitzseehütte 03 (2508 m); 2¾ Stunden.

Knapp nördlich der Hütte nehmen wir mit Nr. 918 den Ferdinand-Koza-Steig auf. Dieser steilt oberhalb des Kreuzsees merklich auf, wird auch zunehmend felsiger, bleibt aber – an einer Ansammlung von Steinmännern vorbei – bis zum Kreuzseeschartl 04 noch unschwierig. Erst dahinter geht es in deutlich ausgesetztere Flanken hinein. Abwechselnd leicht auf und ab werden der Abzweig zur Hohen Gradenscharte (Übergang zur Adolf-Noßberger-Hütte) passiert, das Perschitzkar durchmessen und im weiteren Verlauf noch diverse Rippen bzw. Geländeschultern überstiegen. Dabei sind einige besonders abschüssige Passagen gesichert. Oberhalb des Steinkars mündet der Ferdinand-Koza-Steig in den Adolf-Noßberger-Weg 05, der die Lienzer Hütte mit der Adolf-Noßberger-Hütte über die Niedere Gradenscharte verbindet.

Wir steigen in die Blockmulde ab, weichen im Bereich der Trogschulter nach rechts aus und stoßen dort auf den Elberfelder Weg. Mit ihm in die Talsohle und über den Debantbach hinweg zur Lienzer Hütte 06 (1977 m); 3½ Stunden.

Zuletzt am schnellsten über den Fahrweg, etwas langwieriger über den Natur-Kultur-Lehrweg via Hofalm, talauswärts zum Parkplatz Seichenbrunn 01.

Variante: Eine weniger anstrengende Runde („Blau") lässt die Wangenitzseehütte und die hohe Route aus und benutzt stattdessen den mit Nr. 917 markierten Zinkeweg, der quer durch die Flanken Richtung Lienzer Hütte führt. Damit verkürzt sich die Tour auf etwa 4 Stunden.

> Traum-Tour! Sehr empfehlenswert – aber bitte nicht alle, damit es nicht so zugeht wie am nahen Großglockner.
>
> Schobergruppen-Begeisterung auf www.warp2search.at/forum

Das schönste Platzerl am See!

Dein Moment für die Ewigkeit

Ausprobieren

Der große Vorteil der Digital-Fotografie ist, die Ergebnisse sofort zu sehen. Anders als bei einem Sonnenuntergang hast du bei einem Still-Motiv wie dem Bergsee am Nachmittag jede Menge Zeit. Überleg dir ein Konzept, probiere es aus und schau dir das Ergebnis genau an. Wenn du nicht zufrieden bist analysiere genau woran es liegt und probiere es gleich noch einmal.

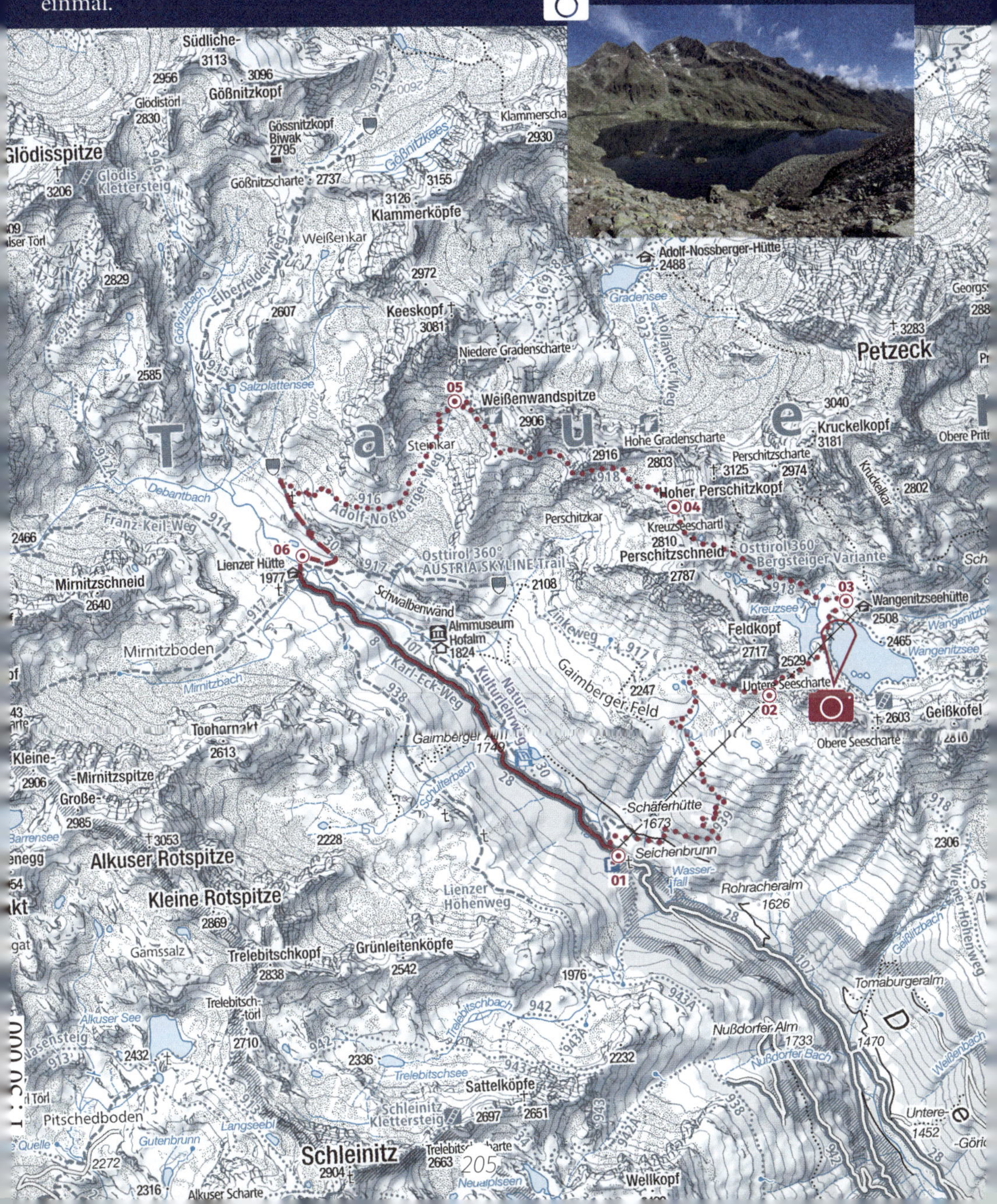

30 Wem die Unholden hold sind

Einst erblickte man im Süden des Osttiroler Hauptstädtchens Lienz nur die „Unholden“ – zu Stein gewordene Riesenmonster. Gut, dass die britischen Reiseschriftsteller Josiah Gilbert und George Cheetham Churchill 1856 dafür den viel sympathischeren Begriff „Lienzer Dolomiten“ erfanden.

Bilder von: **Thomas Hennerbichler @lichtar.at**

Zum Laserzsee 2260 m

Tourencharakter
Alm- und Bergwanderung auf ordentlichen, im oberen Teil naturgemäß etwas steinigen Bergwegen sowie teils auch breiten, fahrbaren Trassen. Technisch eine eher leichte Wanderung, die aber eine gewisse Kondition verlangt.

Start und Ziel
Parkplatz Klammbrückl (1104 m); Zufahrt von Lienz auf der Drautal-Bundesstraße (B 100) bis 2 km südwestlich von Leisach, dort abzweigen, auf einer Brücke über die Drau und weiter auf einer Forststraße („Stadtweg").

Schwierigkeit: **mittel**
Dauer: **6:15 h**
Länge: **15 km**
Aufstieg **1150 hm**
Abstieg **1150 hm**

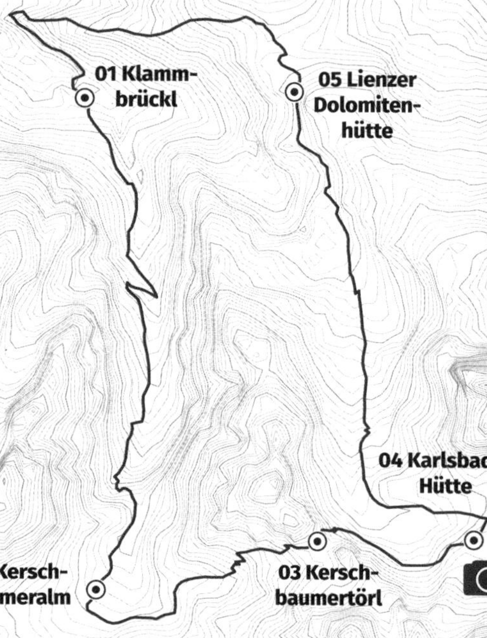

Höhenlinienmodell mit Streckenverlauf

Höhenprofil

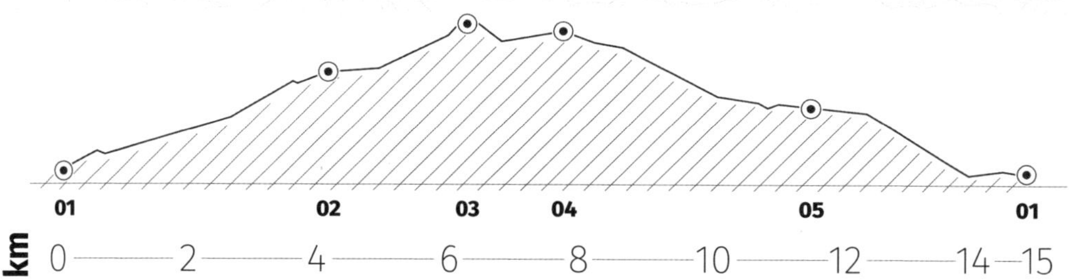

Das Herz der Lienzer Dolomiten, dieser eindrucksvollen Berggruppe unmittelbar südlich der Osttiroler Bezirkshauptstadt Lienz, schlägt im Laserzkessel rund um die Karlsbader Hütte. Wir wählen hier einen weniger bekannten Zugang durch das wildromantische Kerschbaumertal und wechseln erst über das gleichnamige Törl in den Laserzkessel. Der Überraschungseffekt ist umso größer!

Diese Tour beginnt beim schon recht hoch gelegenen Parkplatz Klammbrückl 01. Durchs Kerschbaumertal können wir zu Beginn dem bequemen geschotterten Fahrweg folgen (einige Abkürzer lohnen sich kaum). Bei der Materialseilbahn auf etwa 1560 m geht die breite Trasse in einen gewöhnlichen Steig über, der bald einmal durch eine Reisse unterbrochen sein kann. Man gelangt über einen Geländeriegel in den hinteren Talabschnitt, wo wir durch lichten Wald das Schutzhaus Kerschbaumeralm 02 ansteuern.

Jetzt von Nr. 10 auf Nr. 213 wechselnd dem ostwärts ziehenden Steig folgen, anfangs noch flach durch Wald, danach in Kehren am Latschenhang bergauf. Zwischendurch zweigt die Route zur Großen Gamswiesenspitze ab (inzwischen auch mit einem Klettersteig erschlossen), bevor wir mit dem Hauptweg die markante Einsattelung des Kerschbaumertörls 03 (2285 m) erreichen.

Jenseits geht's nach kurzem Zickzack rechts unter einem Felsaufbau entlang und allmählich im Bogen hinüber zur Karlsbader Hütte 04 (2261 m), die neben dem Laserzsee liegt; 4 Stunden.

Wer die Tour verkürzen möchte, kann auch gleich in die Hangmulde unterhalb und

Die Karlsbader Hütte vor den Gemswiesenspitzen über dem Kerschbaumertörl.

Der Rauchkofel im Süden, jenseits des Tals, der von unten aus wie ein riesiger Waldelefant die Dolomiten verdeckt, war zu einem struppigen Rücken geschrumpft, und hinter ihm ragten als massige, finstere Schemen die Kalkfelsenberge auf.

Christoph Zanon, „Schattenkampf"

zum Hüttenweg absteigen. Normalerweise wird man sich aber die Rast auf der Hütte und am nahen Laserzsee nicht entgehen lassen, um hier die Felsarena ringsum richtig auf sich wirken zu lassen. Anschließend auf der breiten Schottertrasse abwärts, wobei auch einige etwas raue Abkürzungsmöglichkeiten bestehen. Der Egerländerweg führt Richtung Lienzer Dolomitenhütte **05** (1616 m) hinunter, nur noch wenige Schritte vom Parkplatz am Ende der Mautstraße entfernt.

In der nächsten Kurve zweigen wir links ab und halten uns bei einer Jagdhütte abermals links, um auf dem Goggsteig (Nr. 12B) im Wald tiefer zu gelangen. Zuletzt auf den Franz-Lerch-Weg (Nr. 10A) einbiegend, der uns das letzte Stück fast horizontal zum Klammbrückl **01** zurückbringt.

Variante: Um noch ein Gipfelziel einzubauen empfiehlt sich in erster Linie die Große Gamswiesenspitze. Ihr Normalweg zweigt westlich unterhalb des Kerschbaumer Törls ab (Achtung! Nicht mit dem Madonnen-Klettersteig verwechseln). Die Bewertung bleibt bei „Rot", der zeitliche Aufwand erhöht sich freilich um 1¾ Stunden auf insgesamt 8 Stunden.

Die Große Sandspitze und ihre Gipfeltrabanten spiegeln sich im Laserzsee.

Dein Moment für die Ewigkeit

Alles was nach dem Auslösen kommt

Wenn du dich ernsthafter mit Digital-Fotografie beschäftigst wirst du um die Bildbearbeitung nicht herumkommen. Wichtigster Schritt davor ist: Fotografiere im RAW-Format. Einem Bildformat, das mehr Informationen speichert als JPEG. Wer Bildbearbeitung für „Schummeln" hält, liegt falsch. Sobald du die Möglichkeiten der RAW-Bearbeitung kennenlernst wirst du merken, dass es eine Interpretation und ein Herausarbeiten der Bildinformation ist.

Wanderlexikon

Alles eine Frage des Verständnisses: Eine kurze Erklärung der wichtigsten Grundbegriffe rund ums Wandern und Bergsteigen.

Schwierigkeit: Die Einteilung erfolgt nach der Länge, der zu leistenden Höhenmeter und den technischen Ansprüchen der Tour.

Leicht: Einfache Wanderungen ohne besondere Anforderungen und nötige Vorkenntnisse.

Mittel: Wanderungen mit zum Teil steilen Anstiegen oder kurzen ausgesetzten Stellen. Schlüsselstellen und Schwierigkeiten werden im Tourencharakter beschrieben. Eine grundlegende Ausdauer und Wandererfahrung wird vorausgesetzt.

Schwer: Lange und/oder anspruchsvolle Wanderungen oder Bergtouren. Die Tour kann über steile und ausgesetzte Pfade führen. Gute Kondition, Trittsicherheit und Schwindelfreiheit sind je nach Charakter der Tour erforderlich.

Leichte Kletterei: Schwindelfreiheit und feste Bergschuhe sind erforderlich. Diese Passagen sind nur unter Zuhilfenahme der Hände zu bewerkstelligen.

Seilversichert: Schlüsselstellen sind mit (zumeist) verankerten Stahlseilen gesichert.

Markierter Wanderweg: Ausgeschilderter und zumeist nummerierter Wanderweg. Die Wegenummern werden in der Tourenbeschreibung und in der Karte aufgegriffen.

Variante: Vorschlag die Tour zu erweitern oder ein alternativer Routenverlauf.

Weiter wandern

Auf den Geschmack gekommen? Die umliegende Region bietet ein wahres Füllhorn attraktiver Spaziergänge, Wanderungen und Touren. Hier findest du nützliche Infos und Adressen.

KOMPASS-Wanderkarten

Wanderkarte 06 Walchensee, Kochelsee, Sylvenstein-Stausee, 1:25.000
Wanderkarte 5 Wettersteingebirge, Zugspitze, 1:50.000
Wanderkarte 4 Füssen, Außerfern, 1:50.000
Wanderkarte 25 Zugspitze, Mieminger Kette, 1:50.000
Wanderkarte 35 Imst, Telfs, Mieminger Kette, 1:50.000

KOMPASS-Wanderführer

Wanderführer 5610 **Stubaital**
Wanderführer 5625 **Kaisergebirge**
Wanderführer 5630 **Ötztal, Pitztal**
Wanderführer 5631 **Zillertal**
Wanderführer 5662 **Naturpark Karwendel**
Wanderführer 5654 **Achensee**

Touristische Informationen

Tirol Info
Maria-Theresien-Straße 55,
A-6020 Innsbruck,
Tel. +43 512 7272-0,
www.tirol.at

Österreichischer Alpenverein
Olympiastraße 37,
A-6020 Innsbruck,
Tel. +43 512 59547-0,
www.alpenverein.at

Wetter in Tirol
www.zamg.ac.at/cms/de/wetter/wetter-oesterreich/tirol
www.alpenverein.at/portal/wetter

Deine Orientierung

Für das Navigationsgerät deiner Wahl haben wir alle Touren als GPX-Track zum Download.

Du planst und navigierst lieber digital? Dafür haben wir alle Touren auf unserer Webseite für dich

www.kompass.de/gpx

Damit kommst du direkt zum Download-Bereich. Einfach das richtige Produkt auswählen, herunterladen und auf das Zielgerät oder in die gewünschte App importieren.

GPX-Track

GPX ist ein Datenformat für Geodaten. Mit einem GPX-Track bekommst du die rote Linie, also den Pfad, als geografische Koordinaten.